これからの中小企業経営に必要な施策と活用

企業経営に直結する施策を知る

追手門学院大学ベンチャービジネス研究所［編］

村上 喜郁／池田 信寛／宮宇地 俊岳／岡崎 利美／水野 浩児［著］

追手門学院大学出版会

発刊の辞

堅調に推移してきた日本経済は、２０１９年に消費税の増税や米中貿易摩擦などの景気にとってマイナスとなる多くの要因を抱えました。さらには、コロナショックの影響により世界経済全体が不透明な状況にあります。そのような海外経済の不確実性や金融資本市場の影響を間接的に受ける中小企業経営者は、マクロ的な観点で経営判断を行う必要があります。さらには、新型肺炎問題の拡大による、サプライチェーンの停滞懸念は、企業経営において大きなリスクになっています。しかし、近年の政府の施策は、景気を支える具体的かつ効果的な内容が多く、特に地域経済を支える中小企業経営を意識した施策は数多く出されています。中小企業経営を支える目的を持った施策は、中小企業経営者にとって経営判断におけるヒントにつながるものが多く、積極的に内容を知ることは経営を客観的に見つめなおす機会になります。

金融庁では、各地の財務局をハブとして、地方公共団体、地域の企業や金融機関などが連携できるプラットホームづくりを目指した「地域経済エコシステム」という概念を打ち出しています。地域経済に影響を与える地域金融機関が、地域経済エコシステムの担い手として、企業の実情や地域の課題を把握しながら中小企業経営を支えることが期待されています。一方で中小企業経営者にとって期待しているものの信じていいのか悩ましい存在が地域金融機関だと思います。地域金融機関は政府の施策で２０１４年以降劇的に変化しており、中小企業と一体となって取組む姿勢を明確にし、金融庁も金融機関との対話を強化し理想的な体制になりつつあります。これらの施策が打ち出された背景には、少子高齢化が進み、企業の廃業率が高まり将来の日本経済の低迷が課題となる中、安倍政権が打ち出した「日本再興戦略」の影響があります。本書の2章で論じている「おもてなし規格認証」は、２０１５年に改定された「日本再興戦略」に、サービス産業の活性化と生産性向上を目指して盛り込まれたもので、経済産業省が進めている「見える化」の一環です。このように「日本再興戦略」の目標達成のために各省庁が本格的に動いています。

今後本格化する人口減少や産業空洞化の進展は、このまま施策を打ち出さなければ日本経済の停滞につながります。また世界経済全体のプレゼンスが低下する蓋然性は高く、中小企業経営者にとって慎重かつアグレッシブな経営判断が必要な時代であることは間違いありません。それだけに、政府の打ち出す施策に注目することは、現状を把握し経営判断に役立つヒントを見つけるツールとしての活用もできます。

２０１９年4月に追手門学院大学は総持寺キャンパスを新設し、ＩＣＴ環境を充実させた環境整備を行い、地域経済の発展に寄与できる取組を積極的に行っています。そのような時代の先端を進む高等教育機関の役割として、次世代を担う学生たちに的確な教育を行うこと以外に、研究者が取組んでいる研究や知見を広く社会に発信することが重要であると考えています。本書は、本学ベンチャービジネス研究所に所属する研究者が理論の実践を進める中に、学術的な検証を加えてまとめたもので、中小企業経営者のお役に立てることを願ってまとめられました。

2020年3月

追手門学院大学
ベンチャービジネス研究所所長
経営学部学部長　教授　水野　浩児

はじめに

追手門学院大学ベンチャービジネス研究所では、各分野の研究者が研究員の立場で、自らの研究を実務に役立てることを意識しながら活動を行っています。近年においては、追手門学院大学が北おおさか信用金庫様、株式会社サイネックス様と連携協定を締結し、経済的な面だけでなくソフト面での連携を行う機会が増えました。このような流れもあり、研究員の研究は実務に役立つ知識や情報を学術的視点と交え、企業経営に役立つ研究を意識して取組んでいます。これまでのベンチャービジネス研究所の出版物に関する取組では、平成31年度まで、4年連続でベンチャービジネスを取り巻く環境を実務面の課題も取入れ『ベンチャービジネス研究1』〜『ベンチャービジネス研究4』を発刊し、ベンチャービジネスを人的資源・価値創造・CSR・物流・資金調達・国際的な観点を交えて、スタートアップを考える企業経営者に向けて発信してきました。

令和元年度は、2014年に閣議決定した「日本再興戦略」以降政府は様々な施策を打ち出しており、施策を学術的視点を交えて検証することは、企業経営において大きなヒントにつながると考え、一冊の本にまとめました。政府の施策を知っておくことは、中小企業経営に携わるすべての方にとって、経営判断におけるヒントになる内容があると考え、各研究者が以下の内容で執筆しました。

1．村上准教授は『中小企業の産官学連携を通じた新事業進出の可能性』と題して、中小企業の産官学連携によるメリットを地域で有名な老舗料亭の事例を交えながら論じています。また産学連携スタートアップ支援事業補助金制度の活用についてわかりやすく論じており、新しい取組を考えている経営者にとってヒントになる内容です。

2．池田教授は『おもてなし規格認証の意義と課題』と題して、「日本再興戦略」に盛り込まれたサービス産業の活性化と生産性向上を目指して、経済産業省が取組む施策を具体的にわかりやすく論じています。おもてなし規格認証の必要性やメリットなどは企業経営の本質につながるものです。おもてなし規格認証を受けた企業の事例研究についても数多く紹介されており、企業経営者の悩みの解消につながる内容です。

3．宮宇地准教授は『「収益認識に関する会計基準」の概要と会計実務への影響』と題して、表題の会計基準は大企業だけでなく、中小企業の経営にも影響を与える新基準であることについてまとめています。収益認識は5つのステップに沿って認識するものであり、「取引価格」などはこれまでのルールと大きく異なることを説明したうえで、身近なマイルやポイントの供与に関する会計処理に注意が必要であることなどについてわかりやすく論じています。

4．岡崎准教授は『平成の中小企業施策における金融支援と中小企業金融』と題して、激動の平成の金融を振り返り、2つの金融危機における中小企業金融支援についてわかりやすく説明しています。リーマンショック以降に打ち出された施策である、時限立法である金融円滑化法について触れ、さらには「経営者保証に関するガイドライン」に対する金融機関の取組と中小企業経営における影響についても論じています。

5．水野教授は『令和の金融施策と中小企業経営の意識改革』と題して、令和における金融庁の方針と地域金融機関への影響について体系立てて説明しています。事業性評価に基づく融資推進が「令和の金融」のキーワードは「対話」と「心理的安全性」であることを学術的観点から検証し、金融検査マニュアル廃止後の債権の評価や、ＡＢＬ（動産・売掛金担保融資）を債権者と債務者の対話ツールとの観点から独自の目線で論じています。

以上の通り、5名の研究者が多様な観点から、政府の施策を交えて、中小企業経営のヒントになる研究成果を公表できることに、喜びもひとしおです。

近年、ベンチャービジネス研究所は産学官連携が活発に行われ、多くの企業様からサポートいただいています。これからも産学官金連携の本質的意義を考え、地域社会に貢献できる活動を行いながら、研究成果を全国的に広めていきたいと考えていますので、引き続きご鞭撻賜りますようお願い申し上げます。

2020年3月

追手門学院大学
ベンチャービジネス研究所所長
経営学部学部長　教授

水野　浩児

目次

1章

中小企業の産官学連携を通じた新事業進出の可能性

追手門学院大学経営学部准教授　村上 喜郁

1　はじめに

本書は「これからの中小企業経営に必要な施策と活用」と題し、今必要となっている、また今後必要になるであろう中小企業の経営施策について論じています。そこで本章では、中小企業の産官学連携を通じた新事業進出の可能性についてお話しします。

一般的に、中小規模の事業者が現在ドメインとしている事業以外に進出することは、非常に敷居が高いのではないでしょうか。なぜなら、そのための人材、設備、資金やノウハウなどの経営資源を確保するのは、非常な困難が伴うからです。では、零細な規模の事業者が、少ない経営資源でいかにして新しい事業分野に進出し、新商品や新サービスを創り出せばよいのでしょうか。実は、中小企業、特に製造業・サービス業などに1つの事業分野しか持たない小さな企業にこそ、産官学連携活用のメリットがあるのです。ここでは特に経営や経済などを得意とする文系・社会科学系大学との連携を事例に、この種の案件に多数関わった経験のある大学教員による内部者の目線から、「中小企業による産官学連携のポイント」についてご紹介したいと思います[1]。

2 中小企業の産官学連携

さて、皆さんは「産官学連携」と聞くと、どのようなものをイメージされるでしょう。例えば、「最先端科学分野で、理系大学の研究知見を活かし、大規模なプロジェクトとして、大企業がおこなっている……」。おおむね、このような感じだと思われます。では、国や学界では「産官学連携」をどのように定義づけているのでしょうか。国立研究開発法人科学技術振興機構によれば、産官学連携は、「大学、公的研究機関等と企業等が連携し、将来のイノベーションが期待される科学技術のシーズを実用化して社会へ還元し、社会経済や科学技術の発展、国民生活の向上につなげる取り組み[2]」とされています。**図1**は、そのイメージです。国立の研究機関が定めるところなので、「国民生活の……」といった言い回しはあるものの、おそらく皆さんのイメージと大きく外れるものではないと思われます。例えば、同法人の出版する『JST成果集 Next Innovation』を見てみると、体に貼るだけで生体計測ができる「生体と調和したシート型の電子回路」や、数理モデルを活用し

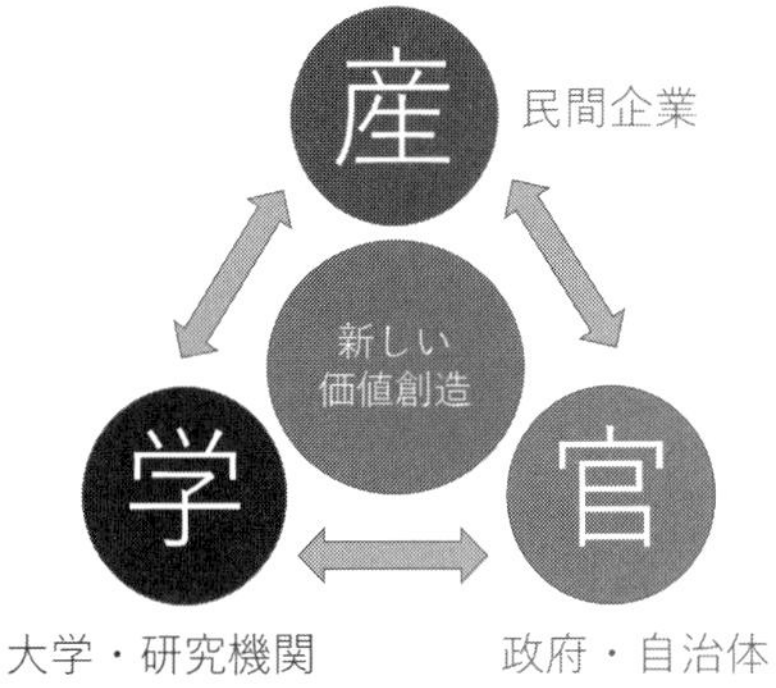

図1　産官学連携のイメージ
出所）筆者作成

た「近未来の感染症の予測・制御」などの事例が掲載されており、まさに目を見張るような産官学連携によるイノベーションを具現化しています。では、市井の一般的な中小企業は、産官学連携と無関係なのでしょうか。私はそうは思いません。

確かに、先ほど挙げた産官学連携の定義を見れば、最先端科学分野で、理系大学の研究知見を活かし、大規模なプロジェクトとして大企業と共同でおこなわれる産官学連携は、典型的な例に思われます。しかし、このような先進事例だけが産官学連携ではないのです。一般的な中小企業にも、産官学連携に関わるチャンスはあり、またその機会が新しい事業分野の進出につながること、あるいはつなげることが可能なのです。つまり、問題はその方法なのです。

3　中小企業の産官学連携によるメリット

一般的な中小企業が抱える課題として、新事業への進出があります。そこには、経営資源、特に人的資源やノウハウ不足の問題が挙げられます。新しい事業への進出を通じて、経営の安定・利益の拡大を図りたいというのは、中小企業の永遠の課題かもしれません。というのも、あらゆる事業分野が、その分野内での競争の激化、市場の飽和、場合によっては製品ライフサイクル（**図2**）によって事業分野そのものの喪失というリスクを抱えているからです。この点で、利益の増加のみならず、経営の安定化や企業の存続という観点で、複数の事業を持つことは、企業にとって一般的な経営施策です。そして、一事業しか事業分野を持たない中小企業にとって、求められる課題になります。ここにおいて本章で挙げたい方法こそ、「産官学連携」なのです。

最初に、産官学連携の中小企業に対するメリットを整理しておきましょう。主に、（1）大学が持つ経営資源の活用、（2）産官学連携補助金の取得、そして、（3）大学関係者をステークホルダーにできることです。以下、順を追って説明していきます。

（1）大学が持つ経営資源の活用

まず、（1）大学が持つ経営資源の活用についてです。国立大学法人や学校法人等である大学は、教育研究を目的としており、その性質上、それに関わる経営資源を多数保持しています。産官学連携の観点から具体的に見れば、ヒト、モノ、カネ、情報の中でも、ヒトと情報が特筆されるでしょう。

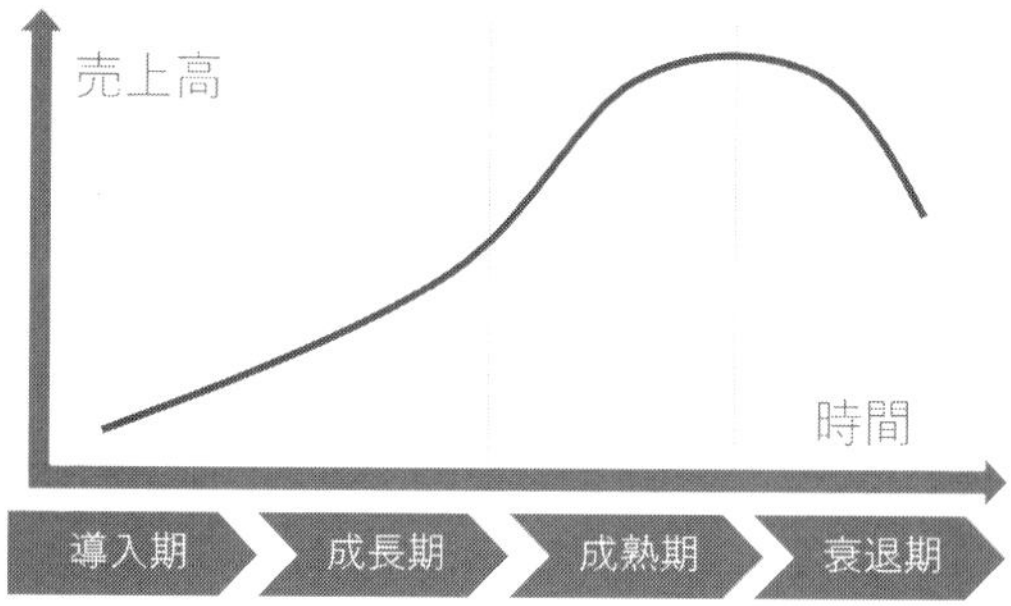

図2　製品ライフサイクル

ヒトすなわち人的資源としては、教員（＝研究者）、職員、学生が挙げられます。教職員については、情報（＝ノウハウ）に直接的に関わります。本章のテーマである文系・社会科学系大学との連携で言えば、製造業・サービス業など、1つの事業分野しか持たない中小企業との組み合わせは、ことのほか良好です。企業側で不足する製品企画、特にマーケティングや統計的な市場調査といった知見が、大学側で多数保有されていることが想定されます。よって、モノづくりやサービスのみが得意な企業との相性は抜群です。また、大学生の持つ「若者のアイデア」や「行動力」は、企業に大きな活気を与えてくれるに止まらず、プロモーションなどにおいても大きな力となります。

(2) 産官学連携補助金の取得

次に、（2）産官学連携補助金の取得についてです。公益法人である大学の収入には、補助金（経常補助金比率でおよそ1割程度）があります。そして、より先進的な取り組みをおこなっている大学は、文部科学省から、教員数や学生数を基に算出される「一般補助金」だけでなく、「特別補助金」も取得しています。また、学術上重要な研究、あるいは先駆的な研究をおこなっている研究者は、独立行政法人日本学術振興会のいわゆる「科研費（科学研究費補助金・学術研究助成基金助成金）」を中心とする公募研究費を取得しています。これらの業務を日常的におこなっていることで、大学教職員の中には、申請書類の作成に長けた人材も多数いるのです。これらの人材は、産学官連携補助金を取得しようとする中小企業にとって、大きな力となってくれることは間違いありません。このように大学との連携には、産官学連携補助金の取得についても利点があるのです。補助金の取得は、新分野への進出にとって、資金面で大きな手助けとなります。

（3）大学関係者をステークホルダーに

最後に、（3）大学関係者をステークホルダーにできるという点です。大学関係者と言っても、先に挙げた教員、職員や学生だけではありません。卒業生や関係の諸組織も含まれます。大きな大学であれば、卒業生の数も多く、卒業生もステークホルダーということになります。また、関係の諸組織として、地元の団体、広報やイベント業者なども関係者になります。これにより、今まで自社とは関わりのなかった層に向けて、情報発信が可能となります。これは意外と気づきにくい論点ですが、事業を進める上で非常に大きな要素となります。

4　「日本料理　成田家《なりたや》」の事例

大枠としての中小企業による産官学連携活用のメリットは分かっていただけたかと思います。とは言うものの、具体的事例がなければ、産官学連携の中身も分かりにくいのではないでしょうか。そこで、以下では、2018年度に筆者が「茨木市産学連携スタートアップ支援事業」として携わった『日本料理 成田家～和食店のふるさと納税返礼品に供するブランド拡張の研究～』を事例に、説明したいと思います。

(1) 日本料理 成田家の概要

最初に日本料理 成田家（以下、成田家）について、少し紹介しておきましょう。成田家は、筆者の奉職する追手門学院大学が所在する大阪府茨木市の阪急茨木市駅前徒歩5分の場所（大阪府茨木市別院町3－19）にある飲食店です。1961年に食堂「お食事 なりたや」として開店し、1972年には店舗を鉄筋3階建て、1階カウンター、2階座敷に改装し、日本料理店へと業態を転換させました。さらに2000年に再改装・増床（1階調理場、2階カウンター・フロア、3階座敷）に伴い、株式会社化もなされています。現在は、浅川和彦氏が取締役 料理長として、パートを含め8名の従業員を率いています。

成田家は、普段使いのお食事処、また法事使いや仕出しなどで、茨木市民に親しまれる日本料理店であり、典型的な地域に根差した飲食業の中小企業といった感じでしょうか。非常に堅実な経営を営む一方で、浅川氏は事業意欲も旺盛です。先に示した中小企業の課題、利益の増加や経営の安定化を目指して、事業の多角化の試みを果敢におこなっています。例えば、１９７８年には、阪急茨木市駅前に寿司持ち帰り専門の支店を開店したり（現在は閉店）、地元茨木市の自家焙煎珈琲の事業者「たたらば珈琲」と共同し、ドリップバッグコーヒー「和食に合う珈琲」も開発しています。しかし、主に経営資源の問題で、新事業への進出は必ずしも順調とは言えないのが現状でした。人的資源、製品開発のノウハウ、店舗規模などが制約要因となり、苦戦している部分がありました。

（2）本産官学連携事業のきっかけ

浅川氏によれば、この産官学連携事業に踏み切った直接的きっかけは、「大阪北部地震」でした。２０１８年6月18日（月）午前7時58分、大阪府北部を震源として発生した大阪北部地震（マグニチュード6・1）は、茨木市を含む大阪北部地域において最大震度6弱を観測しました。この影響で、成田家ではガス供給などのインフラが停止し、１週間の営業休止を余儀なくされました。この休業中に、食べ物を求めて店を訪れてくれた常連のお客様に、飲食店であるにもかかわらず、調理ができないことから何の飲食物も提供できなかったと言います。この経験が歯痒く、悔しかったそうです。浅川氏は、このような状況に飲食店として何かできることはないのかを考え、この産官学連携事業を志したそうです。

具体的には、非常食としての缶詰、さらに日本料理店であるからこそ開発可能な「日常でも美味しく食べることができるローリングストック（日常の回転備蓄）」商品を創りたいと考えました。しかし、ここで問題となったのは、この開発に必要な経営資源の多くが、成田家には不足していたことです。そこで、浅川氏は、茨木市役所の産業環境部商工労政課に相談を持ち掛けました。

（3）茨木市産学連携スタートアップ支援事業

茨木市役所の産業環境部商工労政課からは、まず産学連携の補助金である「茨木市産学連携スタートアップ支援事業補助金」を紹介されました。この補助金は、茨木市内の中小企業者を対象に、技術開発力の向上や製品の高付加価値化を図るため、大学等との連携による新技術や新製品・新サービスの研究開発等に必要な経費の一部（連携する大学が、定められた茨木市内大学等の場合、上限額を500万円として補助対象経費の2分の1以内）を補助金として交付するというものです（図3）。そして、社会科学系で、商品開発やマーケティング調査に明るく、この補助金に関わった経験のある追手門学院大学に声が掛かりました。

「茨木市産学連携スタートアップ支援事業補助金」は、2014年度から開始された中小企業者と大学をつなぐ茨木市の産官学連携補助金制度です。開始当初は、国立大学理系学部との連携のみの採択でしたが、2015年度には農事組合法人見山の郷交流施設組合と筆者の連携事業である『若者向け地元やさいを使った「やさいジュレの開発」』[3]他1件が、文系総合大学である追手門学院大

茨木市産学連携スタートアップ支援事業補助金

大学と連携して共
同研究を行いたい
研究成果を社会の
役に立てたい

茨木市産学連携スタートアップ支援事業補助金

市内事業者の技術開発力の向上や製品の高付加価値化をはかるため、大学等との連携による新技術や新製品・新サービスの研究開発等に必要な経費の一部を補助金として交付します。

募集期間

平成３０年７月２日～８月１０日

補助対象者

中小企業者（個人事業者含む・みなし大企業は除く）及び中小企業団体など
【市内に事業所又は研究所があることが要件】

補助対象事業例

【新たなメニュー作り】

●駅前の商店
商品のデザインや新たなサービスの共同開発
●中小製造業
生産技術の高度化にかかる共同研究
●ベンチャー企業
市場調査を大学へ依頼　　など

補助額及び補助対象経費

補助対象経費の２分の１以内を補助します。

※連携する大学によって、上限額が異なります。
補助対象経費となるのは、大学等との受託研究・共同研究契約にかかる経費や試作品の製作などに伴う原材料費や設計・加工の外部委託費などです。

上限額

・連携する大学が、**市内大学等**の場合、上限額は**500 万円**

※**市内大学等**は、以下１１大学となります。
追手門学院大、梅花女子大、藍野大・短大、立命館大、大阪大、大阪成蹊大・短大
龍谷大、大阪行岡医療大、大阪保健医療大
・連携する大学が、**市内大学等以外の大学**の場合、上限額は**300 万円**

問い合わせ先

茨木市産業環境部商工労政課
〒567-8505　茨木市駅前三丁目８番１３号　茨木市役所本館７階
電話：０７２－６２０－１６２０　　FAX：０７２－６２７－０２８９
E-mail：kigyousien@city.ibaraki.lg.jp
詳しい内容や申請書類につきましては市ホームページをご参照ください。

次なる
茨木へ。
平成30年は市制施行70周年

図3　平成30年度茨木市産学連携スタートアップ支援事業補助金チラシ

学からも採択されています。産官学連携は、大企業・理系大学だけのものではありません。

（4）本産官学連携事業の推進体制

成田家から持ち込まれた案件は、追手門学院大学研究社会連携課を経由して、筆者につながれました。筆者が浅川氏から直接ヒアリングをおこない、大阪北部地震の話なども把握しました。そこで、成田家の事業経営の安定化、事業リスクの分散、さらなる事業発展を目指し、また現行事業である「和食店」の技術や経験を活かし、新たな事業分野に進出するため、茨木市産学連携スタートアップ支援事業を通じて、「第2ブランドの開発」を目指すという目標を定めました。「第2ブランドの開発」としたのは、「成田家」ブランドをこの商品開発に使うことについて、当初、浅川氏と大学側で意見が割れたことを反映してのことでした。

この事業を進めるにあたり、筆者が副所長として所属していた追手門学院大学ベンチャービジネス研究所の所員である、インターネットマーケティングを専門とする朴修賢准教授、広告心理学を専門とする長岡千賀准教授に協力を求め、推進組織を編成しました。それぞれの先生方の専門的な知見が、本事業に必要不可欠であると考えたからです（図4）。

そして、補助金獲得に向けこの種の申請に比較的明るい筆者が、浅川氏にコンサルティングし申請書の作成をおこないました。実際のところ自治体などへの補助金申請書類等の作成は、その経験がないと思いのほか難しい場合があり、大学などの公募書類申請作成に長けた者の手助けは非常に

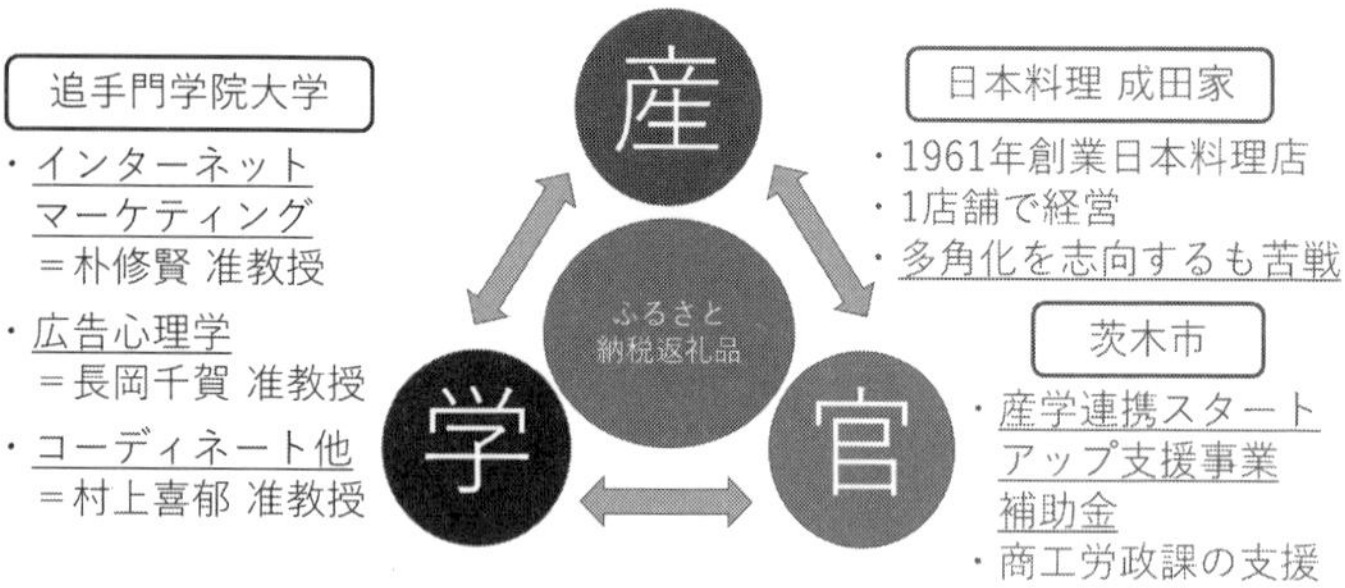

図4　当産官学連携のステークホルダー
出所）筆者作成

有用なのです。

　事業内容を固めるにあたっては、各先生方の予備調査によるアドバイスを基に、本事業のテーマを『和食店のふるさと納税返礼品に供するブランド拡張の研究』と設定しました。具体的商品としては、かつて茨木市の農家などで一般的に食べられており、成田家が食堂「お食事 なりたや」時代に名物料理であった「鶏のすき焼き」を復活させること。保存性が高くローリングストック（日常の回転備蓄）ともなる缶詰とすること。この商品を「茨木市のふるさと納税返礼品」とし、茨木市の地域ブランドを日本全国に発信することなどを決定しました。

　さらに、推進体制と大枠としての役割は以下のように定めました。成田家は日本料理店であること、浅川氏が農協の準会員であることから、素材の選定と味付け。追手門学院大学側は、朴准教授が市場・流通分析、長岡准教授が課題解決型学習を通じたパッケージング開発、筆者が事業全体のコーディネートならびに、学生とともにおこなう試食会を含むアンケートの実施担当としました。また、缶詰製造については、委託製造（OEM：Original Equipment Manufacturer）が可能な、適切な業者を探すこととなりました。そして基本的に、成田家浅田氏が筆者と相談し、筆者が追手門学院大学側の調整をおこなう事業推進体制を決めたのです。

（5）本産官学連携事業の流れと価値創造

実際の事業を進めるにあたっては、①マーケティング調査、②ブランド開発、③製品開発、④パッケージング開発、⑤Webサイトに関する検討に分割して主担当を設定しました。①、②、⑤を朴准教授、③を成田家、④を長岡准教授の担当としました。加えて、スポットでおこなう学生を動員した試食アンケートと全体調整を筆者がおこないました。

また、商品の製造については、事業に参画するメンバーがノウハウや設備を持たないため、兵庫県のシェルビーフーズ株式会社に委託製造をお願いしました。流通に関しては、現在の店舗規模などの制約に縛られない新事業としての位置づけを重視し、主に茨木市ふるさと納税返礼品として、ふるさと納税ポータルサイト「さとふる」（**図5**）を活用することとしました。また、補助的に農協の直売所などにも、商品を置くこととともしました。

事業のスケジューリングは、**図6**の通りです。ここでは研究の詳細な内容は省きますが、大切なことは本産官学連携事業では大学の持つ経営資源が存分に活用されている点です。インターネットマーケティングや広告心理学における研究知見、具体的には市場分析、アンケート調査の実施と分

図5　ふるさと納税ポータルサイト「さとふる」ホームページ
出所）ふるさと納税ポータルサイト「さとふる」 https://www.satofull.jp/

析、テキストマイニング（定型化されていない文字情報から、何がしらかの有益な情報を見つけ出す手法）などにより、事業者だけでは不可能だった適切な流通経路の開発やパッケージングデザインなどが可能となったのです。

　本事業における価値創造の機能を一般的なバリューチェーンの模式図に起こすと**図7**になります。これを見ても、本事業の価値創造が事業者だけでなく、産官学で分担されていることが分かると思います。加えて、製造や物流をアウトソーシングすることで、足りない経営資源を補い、新事業への進出の第一歩を少ない経営資源で打つことができたと言えるのではないでしょうか。

　プロモーションにあたっては、まず追手門学院からのプレスリリース（**図8**）を活用し、北摂記者クラブや大阪科学・大学記者クラブなどに情報を配信しました。この狙いは、追手門学院のステ

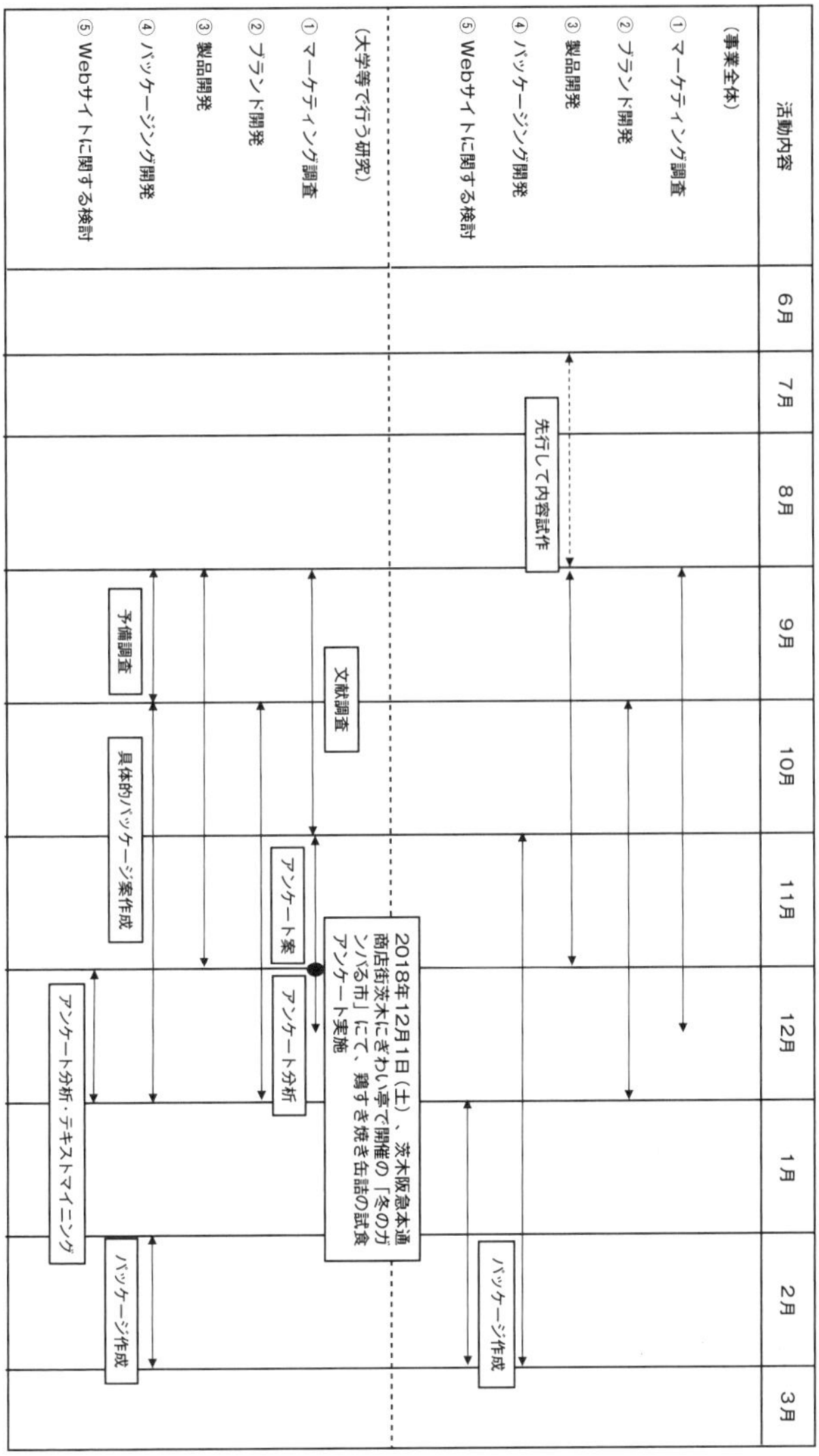

図6　本産官学連携事業のスケジューリング

出所）「茨木市産学連携スタートアップ支援事業補助金事業報告書：和食店のふるさと納税返礼品に供するブランド拡張の研究」

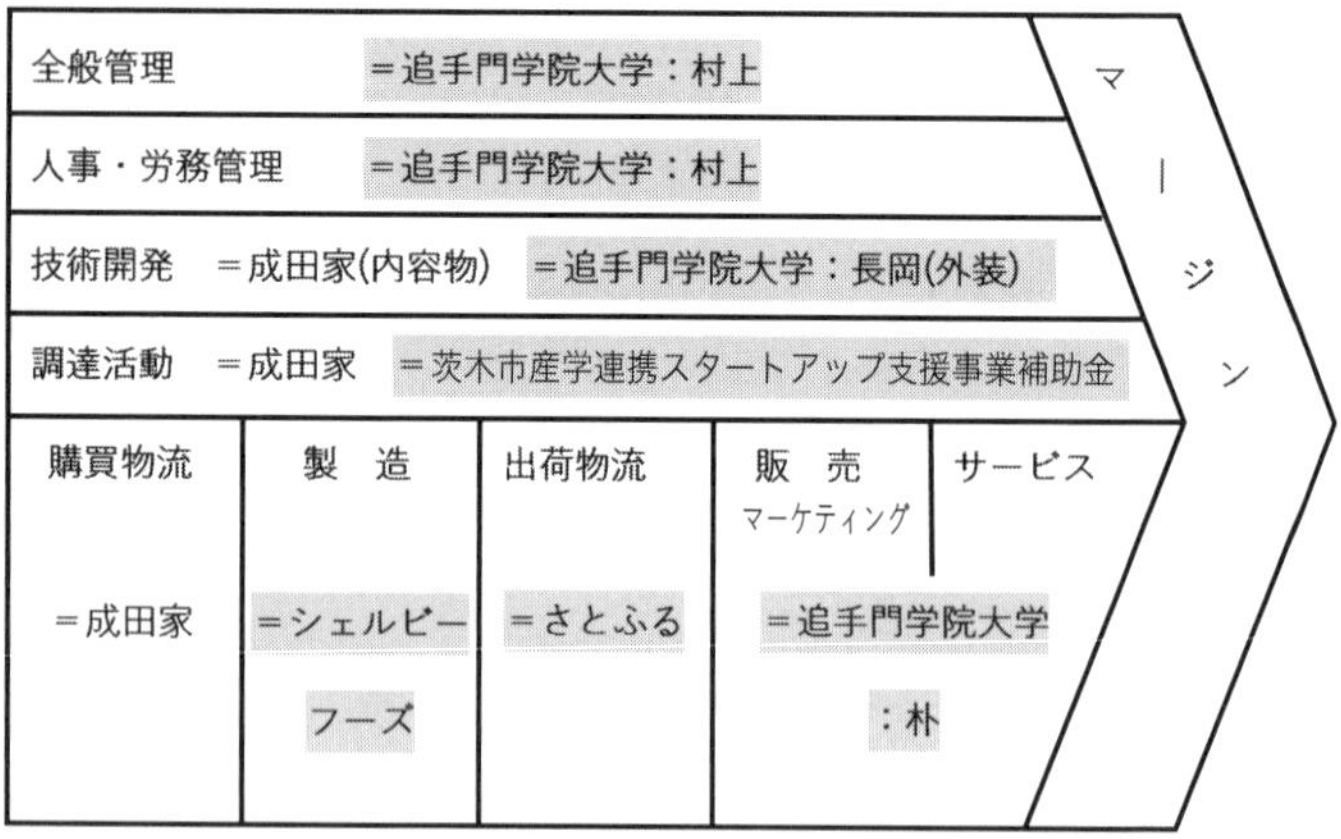

図7　本産官学連携のバリューチェーン
出所）筆者作成

ークホルダーや大学業界関係者を巻き込むことです。一事業者の情報発信よりも、大学からの発信の方がより話題性があります。実際に、大学案内、大学広報誌や校友誌だけでなく、公益財団法人私立大学退職金財団の広報誌『BILANC』[4]、また『朝日新聞』[5]にも大きく取り上げられました。特に、『朝日新聞』に掲載された週には、茨木市へのふるさと納税（寄付）20，000円が40件以上もありました。

さらなる販売促進策として、大学の教育イベント[6]や校友が集うホームカミングデーなどでの試食会、追手門学院合同学園祭での校友会（卒業生組織）を通じた直売などもおこないました。産官学連携を通じて事業を拡大することで、大学関係者をステークホルダーとし、1つ話題性を載せた商品を創り出し、また従前の顧客とは異なる層にアピールすることができるのです。

報道機関各位

学校法人
追手門学院

プレスリリース　No.03
2019年5月14日配信

〒567-0008 大阪府茨木市西安威 2-1-15　URL: http://www.otemon.ac.jp/

ふるさと納税を活用し、学生の力でブランド化へ
産学連携で茨木の名物料理を復活

缶詰の外観

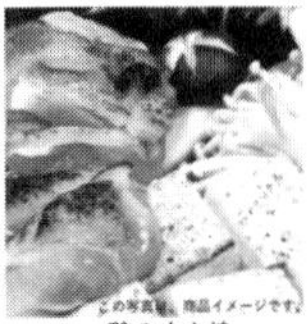
鶏のすき焼

追手門学院大学（大阪府茨木市：学長　川原俊明）のベンチャービジネス研究所は、茨木市の産学連携事業の一環として、地元の日本料理店の創業当時の名物料理「鶏のすき焼き（とりのすきやき）」をふるさと納税の返礼品として復活させ、ブランド化に向けたプロデュースを行いました。

ベンチャービジネス研究所では、経営学部の「経営・マーケティング専攻」と「ビジネス心理専攻」の教員と学生によるプロジェクトチームを結成し、茨木市からの補助金を得て、2018年度事業として取り組みました。プロジェクトチームが注目したのは、地元の日本料理店「成田家」に昭和36年の創業時に提供されていた「鶏のすき焼き」です。地元ならではの懐かしさが感じられることから、ふるさと納税の返礼品として缶詰による製品化をプロデュースし、茨木市の地域ブランドとして全国への発信を目指します。

料理そのものは成田家が担当し、プロジェクトチームでは一般消費者に対するマーケティング調査や心理学実験を実施し、一般消費者の視点や意見を反映させた企画・パッケージデザイン・Webサイト上のコピー作成を行いました。

完成した「鶏のすき焼の缶詰」は、1缶290グラムで、国産の鶏もも肉と、豆腐、白ねぎ、えのき茸、椎茸（地場産野菜）などを、創業当時のレシピの割下で甘辛く仕上げたもので、温めればそのまま美味しくいただくことができます。パッケージには、本品を使って簡単にできる「鶏肉うどん」や「すき焼き丼」などのアレンジレシピや、昭和の懐かしい味であるとのメッセージを記載しました。

茨木市では今月から本格的に、ふるさと納税の返礼品として専用サイトで取り扱いをはじめているほか、市内のＪＡの直売所「みしま館」でも一つ700円で販売しています。

【ポイント】
○産学連携で茨木の名物料理「鶏すき焼き」が缶詰になってふるさと納税返礼品に
○「鶏のすき焼きの缶詰」を追手門学院大学ベンチャービジネス研究所がプロデュース
○茨木市の地域ブランドの全国発信
○マーケティング調査や心理学実験の結果をもとにパッケージ等を企画

この資料の配付先：北摂記者クラブ、大阪科学・大学記者クラブ等

【発行元】　追手門学院 広報課　TEL：072-641-9590　谷ノ内・足立

図8　追手門学院からのプレスリリース

5　中小企業による産官学連携のポイント

さて、この事例から見えてくる文系・社会科学系大学との産官学連携のポイントは何でしょうか。最後に、産官学連携をスムーズに進めるちょっとしたコツと合わせ、まとめておきたいと思います。

第一に、この産官学連携事業の始まりは、成田家から追手門学院大学に相談が持ち込まれたことです。経営資源、特に商品開発に関する人材・ノウハウ面での不足を理由に、新事業への進出を諦めるのではなく、自治体や商工会などを通じて連携先を探し、新事業への進出を決断した浅川氏の行動力がこの連携事業をスタートさせました。事業者の事業意欲こそが、産官学連携事業の起点となります。

第二に、この産官学連携事業が、中心となる事業者である成田家にとってだけ有益なものではないことです。主だったステークホルダーだけを見ても、茨木市、追手門学院大学にとっても、有益な事業であるということです。茨木市は、補助金の支出により、市内の中小企業者の育成や事業を拡大させる（最終的には、市に賑わいをもたらし、また税収もアップさせる）という目的に合致します。また、文系・社会科学系大学である追手門学院大学は、常に研究の対象、あるいは教育実践の場[7]を探しています。産官学連携事業が、それを提供することで、事業参加の大きなメリットとなるのです。産官学連携事業のステークホルダーにとって、Ｗｉｎ－Ｗｉｎとなる事業設計が、成功の大きなカギとなります。

ここで課題になりやすいのが、自社に不足する経営資源を持つ外部の協力者をいかに見つけるか、そして、マッチングさせるかという問題です。正攻法としては、国が提供する情報を使用する方法があります。産官学連携に関連する情報を一元的・網羅的に収集することができるインターネットサイトとして、国立研究開発法人科学技術振興機構が運営する『産学官の道しるべ』[8]などの活用が挙げられます。『産学官の道しるべ』では、オープンに公開されているデータベースを使い、国や日本全国の自治体が実施する産官学連携支援をおこなう事業や制度などを比較的簡単に検索することができます。

より地域に密着するのであれば、地元の商工会議所や金融機関などが主催するビジネスマッチングイベントなどに参加する方法もあります。商工会議所や金融機関は、地元の大学や事業者に多種多様なコネクションがあり、適切なパートナーを探すための大きな助力となります。産官学連携にあたっては、必要な経営資源、例えば大学に求めるものであれば、専門的な知見が当然重要です。しかしながら、実際に事業を進めるとなれば、大学側の担当者（＝研究者）との相性も非常に大切なのです。短期間では終わらない産官学連携事業を円滑に進めるため、あるいは理想とする成果を出すためには、担当者同士の良好な関係性は欠くべからざる要素となります。この点で、地元のビジネスシーンを熟知する商工会議所や金融機関などからの紹介は、アナログ的ではありますが確実性の高い方法と言えるでしょう。これは、補助金取得や借り入れなど、資金調達に関しても同様となります。

6　おわりに

ここまで、筆者の関わった事業を事例に、「中小企業の産官学連携を通じた新事業進出」についてお話してきました。中小企業、特に製造・サービス業など1つの事業分野しか持たない小さな企業にこそ、産官学連携のメリットがあることは、お分かりいただけたでしょうか。産官学連携の活用は、少ない経営資源で新事業の初手を打つことができる手法であること。企業外部との連携で、新事業進出に足りない経営資源を補うことができること。現在の事業や地元を大事にしつつも、産官学連携を通じて、新しいステークホルダーや顧客を創り出すことが可能なチャンスであることが、中小企業経営者の皆さんに認識いただければ本望です。本稿が、中小企業による産官学連携事業、また地域ビジネスの振興に少しでも貢献できれば嬉しく思います。

注

[1] 本章の内容は、「第21回きたしんビジネスマッチングフェア」と同時開催された中小企業向け経営支援セミナー「中小企業こそ産官学連携～文系大学とのコラボの「ツボ」～」（講師：追手門学院大学経営学部准教授 村上喜郁、2019年11月6日（水）マイドームおおさか）を基に加筆修正されたものです。なお、本稿では「産官学連携」と「産学官連携」を基本的に同じものと捉え、固有名詞を除き「産官学連携」という言葉を用いています。

[2] 国立研究開発法人科学技術振興機構（2017）『産学官連携データ集 2016～2017』「はじめに」。

[3] 村上喜郁（2016）「地域の大学が六次産業に果たす役割」『人としくみの農業―地域をひとから人へ手渡す六次産業化―』追手門学院大学出版会、53―93頁。

[4] 公益財団法人私立大学退職金財団（2019）「産学連携最前線2 ふるさと納税返礼品として、消えた名物を復活」

『ＢＩＬＡＮＣ』Ｖｏｌ．19―20頁。

[5] ２０１９年６月24日（月）「名物鶏すき焼き缶詰に」『朝日新聞』（大阪版）。

[6] ２０１９年９月23日（月・祝）に梅田茶屋町ＭＢＳにて開催した追手門学院の教育コンテンツを体感するイベント「おうてもんパビリオン」など。

[7] ２０１８年に創立１３０周年を迎えた追手門学院大学を含む追手門学院は、これを契機として「独立《どくりつ》自《じ》彊《きょう》・社会《しゃかい》有為《ゆうい》」の教育理念の実現に向け、「ＷＩＬ」という新しい教育コンセプトを掲げました。「ＷＩＬ」とは、Work-Is-Learning、すなわち「実践＝学修（実践を通じた学修）」を指し、「行動して学び、学びながら行動する」とう学習スタイルを表しています。追手門学院大学側は、大学の地域連携ならびに、この「ＷＩＬ」の考え方に従って、本産官学連携を推進しました。

[8] 国立研究開発法人科学技術振興機構『産学官の道しるべ』https://sangakukan.jst.go.jp/

2章

おもてなし規格認証の意義と課題

追手門学院大学経営学部教授　池田 信寛

おもてなし規格認証は、2015年に改訂された「日本再興戦略」に盛り込まれたサービス産業の活性化と生産性の向上を目指して、経済産業省が進めているサービスの「見える化」を進めるためにできた制度です。

2016年からおもてなし規格認証の本格運用に向けた検討が始まり、同年8月から運用が開始されました。ただし、その本格的運用は2017年6月からであり、2020年末までには、この認証を受ける企業を30万社にすると2018年度には計画されています[1]。

ところで、おもてなしに関する論文や書籍が多く発表されていますが、これらはすべておもてなしする側の努力について書かれていますので、再度吟味するのは他の研究に譲ろうと思います。それらは、十分に注目されている視点ですので、あえて本論文で「屋上屋を重ねる」必要はないと思うからです。

一方、従来のおもてなし研究で欠けている視点は、2つあります。

1つは、おもてなしの源流をさかのぼると茶道に行き着きますが、そこではもてなされる側の役割の重要性について説かれており、現在のおもてなし研究にはない視点です。もう1つは、おもてなしは裁量労働であり、マニュアルでは覆いきれない場面が多々生じています。その部分を現場ではどう解決しているのかを見出そうという視点です。

そこで、以下ではまず、おもてなし規格認証の概要について整理し、その後、実際に認証を受けた事例を、お客がその認証にどのように関わっているか、そして、従業員がその認証を受けるためにどのように働いているか、特に、自律的な思考をどのように養っているかという点から吟味します。

なお、参考文献ですが、全国の図書館所蔵の文献は見当たらず、Ａｍａｚｏｎで検索してもありませんでした。学術論文に関しても同様で、データベースには見当たりませんでした。唯一、参考になるのは、インターネット上にある各関係機関のホームページで、重複した資料を載せているホームページを除けば、主に5つのサイトが参考になるのみです。これについては、最後の参考資料の箇所に載せています。今後、文献や論文が出てくる可能性はありますが、現時点（２０１９年末）では、この論文が唯一の学術文献になるはずです。

また、以下、おもてなしとホスピタリティ、そして、サービスという言葉が出てきますが、これらは厳密には異なる概念です。しかし、本章の目的はその違いを論じることではないので、これらはほぼ同じ意味を指しているとして論考を進めます。

1　おもてなし規格認証の必要性

現在、日本のGDPをベースに見た場合、これに占めるサービス産業（広義）は7割を超えており（約380兆円、2015年）、しかもさまざまな業種で構成されています。一般にサービス業というと、第3次産業を指しますが、広義のサービス産業には、農林水産業や製造業なども含まれます（**図1**）。

なお、狭義のサービス業とは、サービス産業の25％（宿泊・飲食サービス、専門・科学技術、業務支援サービス業、教育、保健衛生・社会事業、その他のサービス）を指し、広義のサービスとは、狭義のサービス業の他、**図1**に含まれる産業すべてを指しています。具体的には、**表1**にもあるように製造業や建設業、農林水産業、鉱業、電気・ガス・水道、卸売・小売業、金融・保険業、不動産業、運輸・郵便業、情報通信業、政府サービスなどです。

2018年11月末日現在のおもてなし規格認証を登録ないし審査を受けた事業者は、3万7,000件弱で、その内訳は、後述する認証の種類別に、紅認証は3万6,859件、金認証は151件、紺認証は577件です。最高のレベルである紫認証は報告されていません。

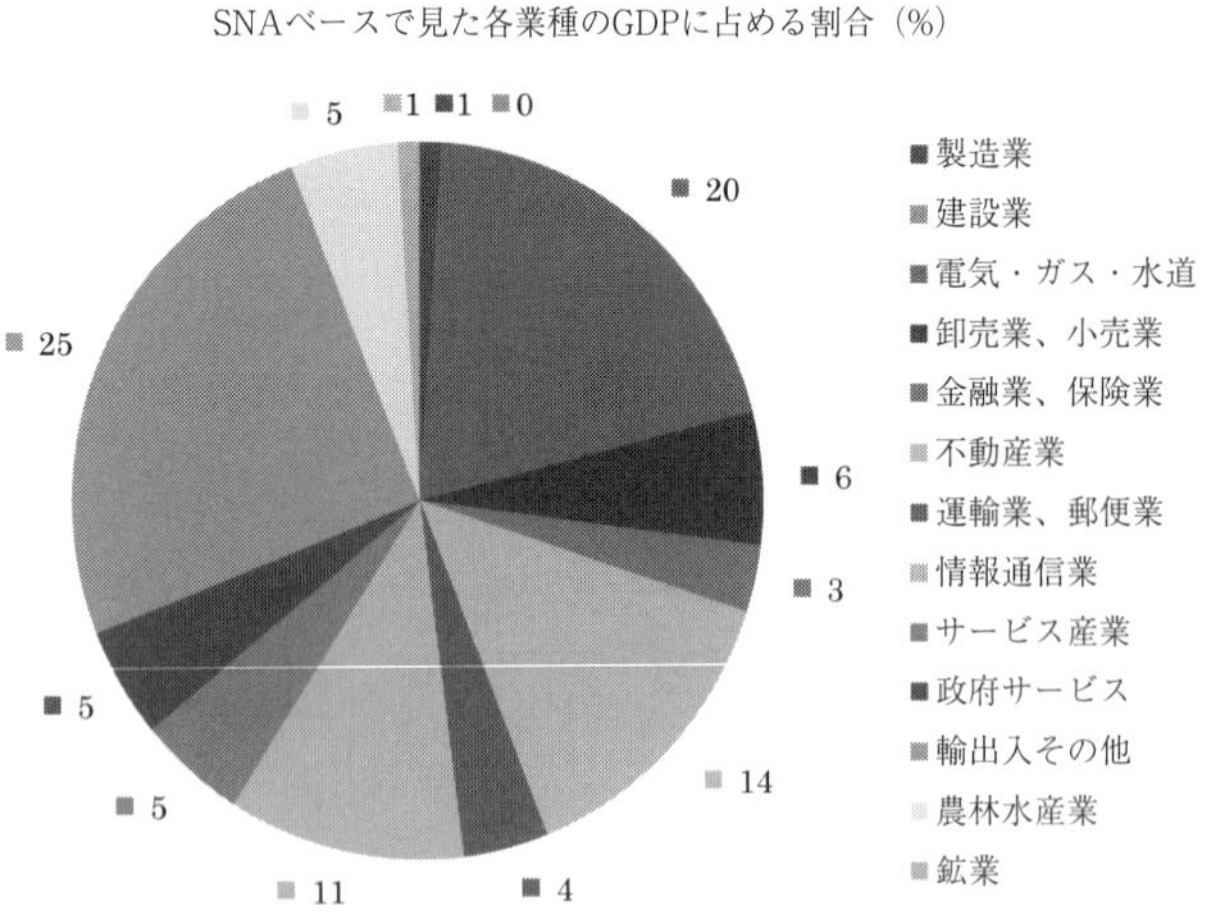

図1　サービス業のGDPに占める割合（2015）

2008年のSNA（「国民経済計算」〜 フローとストックの双方を含む）に基づく計算
注）グラフには記載がありませんが、時計回りに最初が「農林水産業１％」「鉱業０％」、これに「製造業20％」が続いて表示されています。
出所）おもてなし規格認証制度について、首相官邸のホームページより筆者が作成。

これらの内訳を業種別に見たものが、**表１**です。

次節で説明しますが、これらサービス業がＧＤＰに占める割合が高いにもかかわらず、生産性の低さが指摘されています。それを克服しようとして定められたのが、おもてなし規格認証制度です。「規格」という言葉があるように、サービスの生産性を上げる指標として規格を設定することで、何をどうすべきかを明確にし、サービス産業全体の底上げを図ろうとしています。もちろん、規格がマニュアル化する危険性はありますが、その点については、後で考察します。

2　おもてなし規格認証の概要

（1）本制度の目的：サービス品質の

表1　おもてなし規定認証を受けた業種の内訳（紅認証のみ・順位順）

順位	業種（大分類）	登録
1	サービス業	5,981
2	卸売業、小売業	5,046
3	医療、福祉	4,603
4	建設業	4,071
5	宿泊業、飲食サービス	3,906
6	金融業、保険業	2,962
7	製造業	2,261
8	学術研究、専門・技術サービス業	2,232
9	生活関連サービス業、娯楽業	1,961
10	情報通信業	1,250
11	不動産業、物品賃貸業	1,021
12	教育、学習支援業	737
13	運輸業、郵便業	420
14	電気・ガス・熱供給・水道業	167
15	農業・林業	140
16	複合サービス事業	52
17	公務	26
18	漁業	15
19	鉱業・採石業・砂利採取業	8
総計		36,859

出所）おもてなし規格認証制度について、首相官邸のホームページより筆者が作成

「見える化」

製造業の場合、その製品については、ＪＩＳ規格やＩＳＯそして最近では特定保健用食品（特保）など、工業製品の品質を保証する制度があります。この制度で設定された数々の項目を吟味することにより、一定の品質が保証されています。また、ＱＣサークル（Quality Control Circle）や「カイゼン」「カンバン方式」などと相まって、製造業の生産性は飛躍的に高まったと言われます。

一方、サービス産業では、そのような規格や指針がないため、依然としてその生産性は低いままという事態が起こっています。また、サービスという商品は、その生産と消費が同時に行われるため、工業製品のように全国各地や世界のどこへでも運んで行けるというわけではありません。その意味で、サービス産業は、地域社会に根付いています。サービス産業の生産性を上げるということは、地域経済の活性化にもつながります。さらに、訪日客数が飛躍的に伸びている昨今、インバウンド戦略（「イン（内へ）」「バウンド（向かう）」の意）のためにもサービスの品質向上が喫緊の課題ともなっています。このような状況にあって、サービス品質の「見える化」を行うことにより、サービス産業の生産性を向上させようという目的で、おもてなし規格認証制度が開始されました（**図2**）。

各種ホームページやさまざまなビジネスの現場などで、「見える化」という言葉を耳にしますが、これを正確に表現すると、「複数の性質を持つ物事を、計測可能な複数の次元に分割すること」に言い換えられます。例えば、工業製品であれば、ビールの場合、これを飲酒する人は、「味」「こ

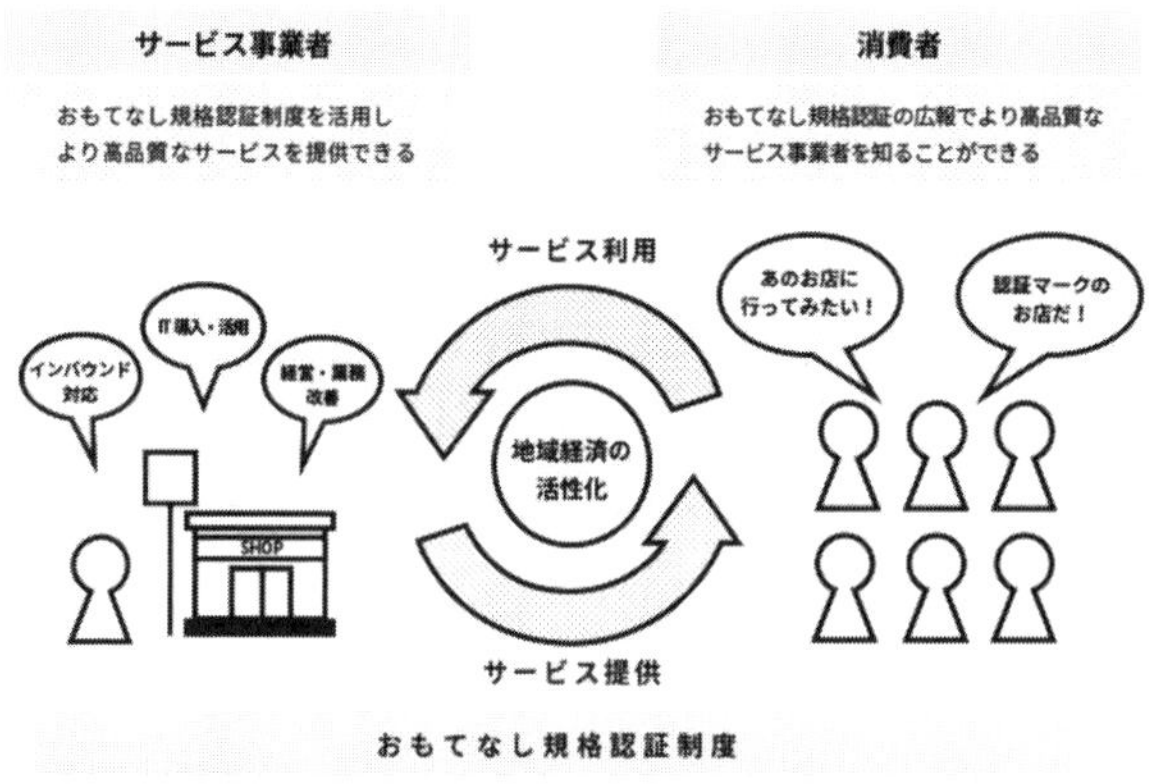

図2　おもてなし規格認証の目的
出所）一般社団法人サービスデザイン推進協議会のホームページより

く」「喉ごし」「温度」などを総合的に判断して、美味いか不味いかを判断します。このようなことを、サービスにおいても行おうとします。サービスの「計測可能な複数の次元」については、おもてなし規格認証の認証要件のところで後述します。

(2) おもてなし規格の定義と種類

おもてなし規格の定義は、一般社団法人サービスデザイン推進協議会によれば、**図3**のようになります。言い換えれば、これら4つの定義をすべて含んだものが、おもてなし規格と言えます。どれか1つ含んでいればよいということではありません。

ここで特に注目したいのは、「お客の期待を元に、共に価値を創ること」という定義と、「従業員の意欲と能力を引き出すこと」の2つです。

前者で重要な部分は、「共に価値を創ること」

の部分です。一般の商取引の場合、商品は、その提供者からその受益者に渡ることで終わると考えられています。受益者であるお客が商品の提供者に協力するということは、あまり考えられません。しかしながら、サービスの提供においては、受益者の協力がとても必要になります。このことを「価値共創」と言います。

例を挙げるならば、美容室に髪を切りに行く時、より良いサービスを受けたいと思えば、お客は美容師に希望を伝えなければなりません。ただ座っていれば好みの髪形になるということはありません。コンビニエンスストアで商品を買う時、レジでただ商品を差し出せばすべて事が足りるというのとは違うのです。

後者の場合、「顧客第一主義」の考え方の元、顧客に満足してもらうためには、企業は辛い努力を重ねることが求められ、結果として、従業員が疲弊してしまうという現象も起きています。そこでおもてなし規格では、従業員の満足も盛り込んでいます。

これは、まったく当然のことなのです。おもてなしの源流である茶道では、「亭主七分」という言葉があります。お客を呼んでもてなす時、茶事や茶会の楽しみを10とすれば、もてなす側の亭主が7の割合を楽しむことが大事だということです。サービスにおいても同様で、従業員が働き甲斐を感じ、自分の仕事を楽しまなければいけないということです。この定義を盛り込んだことは、特に評価できます。

さて、おもてなし規格認証には、4つの種類があります。一番基本になるのが「紅認証」で、最

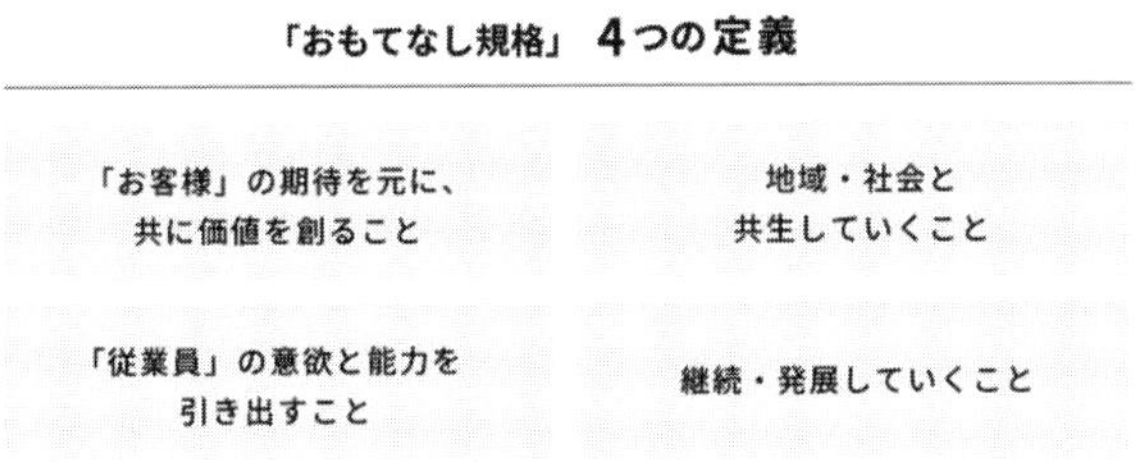

「おもてなし規格」 4つの定義
「お客様」の期待を元に、共に価値を創ること
地域・社会と共生していくこと
「従業員」の意欲と能力を引き出すこと
継続・発展していくこと

図3　おもてなし規格の定義
出所）一般社団法人サービスデザイン推進協議会のホームページより

高のものが「紫認証」となります。また、それぞれに定義があります（**表2**）。なお、それぞれの認証を取得するには、以下のように料金が発生します（**表3**）。

この料金について、更新のたびに費用がかかります（3年ごとに12万円から40万円）。一度審査を通ったからといって、その後、サービス品質が変化することは想定できますから理解できるのですが、事業者にとって更新料が負担であることには変わりがありません。

比較のために、特定保健用食品の取得にかかる費用について触れると、相談をする際、一般の事業者では、1時間につき1万5，750円必要です（特定保健用食品部会員は、5，250円）。次いで、審査申請書・変更届のチェックを受ける場合、一般の事業者では、1申請につき、15万7，500円必要です（特定保健用食品部会員は、5万2，500円）[2]。

おもてなし規格認証の普及を考えると、事業者によってはかなりの負担ではないかと考えられます。特に、中小零細企業にとっては痛い出費になるでしょう。もちろん、認証を受けることでお

表2　おもてなし認証の種類と定義

	紅認証： サービス向上の取組に意欲的なサービス提供者（自己適合宣言）
	★（金認証）： お客さまの期待を超えるサービス提供者（第三者認証【有償】）
	★★（紺認証）： 独自の創意工夫が凝らされたサービス提供者（第三者認証【有償】）
	★★★（紫認証）： お客さまの期待を大きく超える「おもてなし」提供者（第三者認証【有償】）

出所）一般社団法人サービスデザイン推進協議会のホームページより筆者が作成

表3　おもてなし規格認証の審査に必要な料金

	1年目		2年目
	審査料	認証料	更新料
（紅認証）	自己適合宣言・登録無料		
（金認証）	20,000円	10,000円	10,000円
（紺認証）	100,000円	50,000円	50,000円
（紫認証）	100,000円	300,000円	300,000円

※認証取得費用は以下の通りです。
認証取得1年目：審査実施（審査料と認証料）／認証取得2年目：更新料／認証取得3年目：審査実施（審査料と認証料）
※事業所単位の費用です（消費税別途）。
※別途、審査に伴う交通費や出張費がかかる場合があります。
※紺認証の取得にあたっては、おもてなし人材要件を満たした人材が１つの事業所に対し１名以上配置されている必要があります。おもてなし人材要件を満たすことのできる「おもてなし人材研修プログラム」または一部の「おもてなしスキルスタンダード認定講座」等を受講することにより、紺認証の取得条件を満たすことができます。
出所）一般社団法人サービスデザイン推進協議会のホームページより筆者が作成

客が増えて、その出費額を上回ることは考えられますので、一概には言えませんが、類似の制度、例えば、ミシュランを考えると審査料は一切かかっていませんから、おもてなし規格認証を広く普及させるには、費用の問題は避けて通れない問題です。

もちろん、サービスの受益者である消費者への広報活動も忘れてはいけません。事業者が、おもてなし規格認証を受けて、その表示を店頭で行っていても、消費者が認知しないことには意味がないからです。関連資料を読む限り、消費者への広報に触れたものがないため、この部分がなされていないか、手薄であることは確かです。おもてなし規格認証の事業者への普及と同時に、消費者への周知も徹底させることが、この制度の今後の課題でしょう。

なお、おもてなし規格認証には、4つの種類があることは述べましたが、これに加えて、トラベラー・フレンドリー認証というものがあります。これは、特に、インバウンドの訪日客を中心に考えられた認証で、「トラベラー・フレンドリー金認証」と「トラベラー・フレンドリー紺認証」の2種類があります（**図4**）。

（3）おもてなし規格認証を取得するメリット

一般社団法人サービスデザイン推進協議会のホームページによれば、おもてなし規格認証を取得するメリットとして以下の4つが挙げられています。

1つ目は、サービスの品質を「見える化」することによって、その水準を上げることができます。

図4　トラベラー・フレンドリー認証のデザイン
出所）一般社団法人サービスデザイン推進協議会のホームページより

後述するチェック・リストによって、サービスのどこをどのように改善すればよいのかが分かります。そのため、手探りで行っていた改善策や勘と経験に基づいていた品質管理を、より客観的で体系的に検討することができます。

そして、おもてなし規格認証の登録や取得後に発行される登録証や認証書とそのマークを、さまざまな場所に掲示して、消費者や地域住民に示すこともできます。例えば、店頭であったりホームページ、名刺やパンフレットなどに掲載可能です。

2つ目は、補助金や公的融資などの公的支援を受けやすくなります。ホームページの文言を引用すると、「サービス向上や普及のためには、生産・販売能力の拡大は欠かせない取組です。これらの取組を支援すべく、日本政策金融公庫では、IT（情報通信技術）への投資、訪日外国人旅行者の消費需要の取り込みに向けた工夫など、業務の革新・改善を図る事業者に対する融資制度を設けています。おもてなし規格認証を取得した事業者（紫認証、紺認証又は金認証を取得した事業者に限る）は設備資金及び運転資金について日本政策金融公庫から低利融資での支援を受けられます」。

特に、サービスでは人的資源の占める割合が多く、その一部あるいは大部分をＩＴ化することで浮いた時間や労力を、接客などのサービスに充当することができます。サービスにおいて人的接触に手間暇をかけるためには、ＩＴ化できるところはＩＴ化を進めることが望ましいのですが、ＩＴ化には莫大な資金が必要となるため、公的支援を受けられることは、サービスの品質向上には不可欠でしょう。

３つ目は、サービスの「見える化」と関連しますが、これによって、サービス事業者の生産性を向上させ、また、経営品質の向上を図ることができます。日本のＧＤＰの７割を占めているにもかかわらず、サービス産業の生産性は製造業などと比較して低いと言われており、また、先進諸国のサービス業と比べても生産性の伸び率が鈍いとされています。

おもてなし規格認証は、消費者や従業員、地域の人々の満足を高める効果がありますが、同時に、人材育成や財務管理、設備投資を行うことにより、サービス事業者の生産性を高め、経営品質も高めることができるのです。

最後の４つ目は、訪日外国人へのアピールができることです。２０１９年にはラグビーのワールドカップがありましたし、２０２０年には東京オリンピック・パラリンピックが開催され、

2025年には大阪万博も開催されます。これらも含めて訪日外国人の数は、年々増加しているとさまざまなメディアで報告されており、この流れを推し進める政府の方針ともあいまって、主要都市だけではなく地方のおもてなしを整備する必要に迫られています。図4に示した「トラベラー・フレンドリー認証」は、特に訪日外国人の利用を促進する上で重要な役割を果たします。

(4) おもてなし規格認証の認証要件と登録方法

おもてなし規格には、表4に示したように、「サービス業務マネジメント項目（m）」が30項目、「インバウンド対応項目（i）」が10項目、合計40項目あります。これらの項目のうち、適合する項目の数によって、「紅認証」「金認証」「紺認証」「紫認証」の区別が生じます。

「紅認証」は自己申告で審査はありませんが、mが15項目以上あることが条件です。「金認証」以上はすべて認証機関による審査がありますが、「金認証」の場合、mは15項目以上当てはまる必要があり、「トラベラー・フレンドリー金認証」を取得するには、これにiが5つ以上当てはまることが必要です。

「紺認証」では、mが21項目以上、「トラベラー・フレンドリー紺認証」を加える場合は、iが5つ以上当てはまらないといけません。加えて、人的要件も審査対象となります。人的要件では、おもてなし研修を受け検定プログラムの認定を受けた資格取得者が配置されていることと、社員やスタッフが研修を受けていることが求められます。

「紫認証」では、30あるmのうち24項目以上当てはまらないといけません（「トラベラー・フレンドリー紫認証」はありません）。これに加えて、「紺認証」同様に、人材要件も満たす必要があります。さらに、独自項目として「独自取組の実施～業務効率化、顧客満足の向上につながる独自取組の実施、および、独自の人材資格制度等の評価」も吟味されます。「紺認証」と「紫認証」の人的要件には、属人的な要素も検討されます。

なお、**表4**の「レベル」ですが、「業務」とあるのは、ツールや設備、取組のことを指し、また、「マネ（マネジメント）」および「規範・戦略」は、「ツールや設備、取組の有無だけでなく、成熟度を問う項目[3]」であり「各項目における、目的・目標・方針等の有無や達成状況、仕組みの構築や運用状況などで成熟度[4]」が評価対象となります。

ではおもてなし規格認証は、どのような流れで審査されるのでしょうか。

紅認証の場合、自己申告で行います。しかしながら、この制度は、2019年10月31日15時をもって終了しています。2019年に取得した紅認証は、2020年3月末日まで有効です。おもてなし規格認証の審査を受けたい事業者は、今後は、金認証以上の取得を目指すことになります。

また、認証機関ですが、一般社団法人サービスデザイン推進協議会のホームページに掲載されているのは、以下の6つです。静岡商工会議所を除いて、すべて全国の事業者が対象です。

・一般社団法人ＯＳＴ.i
・一般社団法人日本ＣＳＲ協会

表４　おもてなし規格認証2019 規格項目 セルフチェックシート

m サービス業務マネジメント項目			
カテゴリー	レベル	No.	質問
Ⅰ　CSの理解・徹底	業務	m１	誰もがサービスを利用しやすいような工夫
	業務	m２	お客さまに対してわかりやすく案内・説明などを行うツールの整備
	マネ	m３	お客さまの不満・苦情を積極的に収集して対応する取組・仕組みづくり
	マネ	m４	お客さまのニーズ・事前期待を見定め、応えるための積極的な情報コミュニケーションの取組・仕組みづくり
	マネ	m５	地域からの理解・信頼を高めるための、地域との関係づくり
Ⅱ　ESの理解・徹底	業務	m６	従業員の健康に配慮した取組
	マネ	m７	従業員の働きやすさに配慮した取組・仕組みづくり
	マネ	m８	従業員の働きがいを高める取組・仕組みづくり
	マネ	m９	従業員の意見を把握し、意見を反映させる取組・仕組みづくり
Ⅲ　業務棚卸＆改善の検討・実行	業務	m10	お客さまや従業員の安全対策についての定期的な点検や、必要に応じた設備の見直し
	業務	m11	定期的な５Ｓ（整理・整頓・清掃・清潔・躾）の取組・仕組みづくり
	マネ	m12	お客さまや従業員の声を活かしてバックオフィス業務の「見える化」を図り、ムリ・ムダ・ムラを無くす取組・仕組みづくり
	マネ	m13	お客さまや従業員の声を活かしてお客さま接点業務の「見える化」を図り、ムリ・ムダ・ムラを無くす取組・仕組みづくり
Ⅳ　人材の確保・育成	業務	m14	すぐれたサービスを安定的に提供するための、業務改善結果を反映したマニュアルの整備・改訂
	業務	m15	従業員同士の情報共有や、組織内のコミュニケーションを活性化させる取組・仕組みづくり
	マネ	m16	「心のバリアフリー」[*1]に関する接客方針を整備し、従業員に浸透させる定期的な取組・仕組みづくり
	マネ	m17	サービス品質向上に向けた継続的なスキル習得・向上のための取組・仕組みづくり
	マネ	m18	マネジメントレベル向上に向けた管理職層の育成・強化の取組・仕組みづくり

m　サービス業務マネジメント項目			
カテゴリー	レベル	No.	質問
Ⅳ　人材の確保・育成	マネ	m19	人材の確保（採用、定着）に向けた取組・仕組みづくり
Ⅴ　ITツール導入・定着	業務	m20	ITを活用した適切な会計処理と売上集計・仕入（原価）などの効率的な管理
	業務	m21	ICチップ内蔵クレジットカードやQRコード、電子マネーなどキャッシュレス決済への対応
	業務	m22	ITを活用した積極的な情報コミュニケーションの取組
	業務	m23	ITを活用した、従業員同士の情報共有や、組織内のコミュニケーション活性化の取組
	業務	m24	ITを活用した、お客さま接点業務に集中するための取組
	マネ	m25	お客さまの利便性や満足度を高めるITサービスを効果的・安定的に提供するために、ITを適切に管理・運用する仕組みづくり
Ⅵ　業務の振り返りと組織学習	マネ	m26	データに基づく合理的な意思決定と事業成果の振り返りの仕組みづくり
	規範・戦略	m27	ＣＳやＥＳの分析データを基に、お客さまにとってより価値あるサービスへ改善するための取組・仕組みづくり
Ⅶ　経営者のリーダーシップ	規範・戦略	m28	経営幹部によるビジョンの策定、および、自社の強み・弱みを見極めたうえでの、想定する顧客（地域コミュニティや取引先・パートナー含む）に対する戦略づくり
	規範・戦略	m29	顧客（地域コミュニティ等含む）や従業員等を重視する方針が組織の価値観として明確にされ、従業員に浸透させる取組・仕組みづくり
	規範・戦略	m30	お客さまの利便性・満足度向上（ＣＳ）と生産性の向上の両立や、従業員の働きやすさ向上（ＥＳ）に向けたIT化・機械化の方針・戦略づくり

i　インバウンド対応項目			
カテゴリー	レベル	No.	質問
インバウンド対応	業務	i 1	外国語によるメール・電話での問い合わせ対応
	業務	i 2	店内外サインについての外国語表記、または訪日外国人にもわかりやすいピクトグラム*2などの活用
	業務	i 3	外国語でのサービス内容表示や説明ツールなどの用意
	業務	i 4	サービスを利用する上で、外国人が困りそうなことへの備え
	業務	i 5	外国語で接客を行うための取組、支援ツールの用意
	業務	i 6	外国語版近隣マップの用意
	業務	i 7	外国人のお客さまと必要最低限のコミュニケーションが取れるための従業員教育
	規範・戦略	i 8	外国人のお客さまを重要なターゲット顧客に設定し、経営者がリーダーシップを持ってその対応に取り組み、外国人のお客さまおよび従業員に対してその方針を明確化する
	規範・戦略	i 9	自社がターゲットとする外国人のお客さまの文化などの理解、外国人のお客さまに対しての接客ポリシーの設置
	規範・戦略	i 10	外国人のお客さまに対しての接客ポリシー（指針）を従業員が理解・徹底するための取組

注１)「マネ」は「マネジメント」の略
注２)顧客満足(CS:Customer Satisfaction)
注３)従業員満足(ES:Employee Satisfaction)
＊１ 心のバリアフリー:さまざまな心身の特性や考え方を持つすべての人々が、相互に理解を深めようとコミュニケーションをとり、支え合うこと
＊２ ピクトグラム:絵や絵言葉のことで、非常口サイン、禁煙サイン、車いすなどを絵や絵言葉で表したもの
出所)一般社団法人サービスデザイン推進協議会のホームページより筆者が作成

・特定非営利活動法人日本ホスピタリティ推進協会
・一般社団法人おもてなしマイスター協会
・静岡商工会議所（静岡県内の事業者のみ対象）
・一般社団法人日本観光地域活性化機構

3　おもてなし規格認証を受けた事業者の事例研究

各事業者がどのようなおもてなしを行っているのかは、最後に挙げた5つのホームページに記載の事例から把握することができます。しかしながら、本章では、それらがどのようなものかを整理して吟味することは目的としていません。

これまでの筆者の研究では、商取引における「価値共創」において、お客がどのように関係しているかを問題にしてきたと同時に、おもてなしでは、臨機応変に対応しなければいけない従業員の「考える力」をどのように養っていくかも研究課題にしています。

そのため、以下での事例研究は、2つの視点に絞って吟味していくことになります。1つは、おもてなしされる側のお客がどのようにおもてなしに関わっているのか（あるいは、いないのか）であり、もう1つは、従業員がお客を前にして、マニュアル以上の対応をするために、自ら考える取組や仕組みをどのように行っているかです。

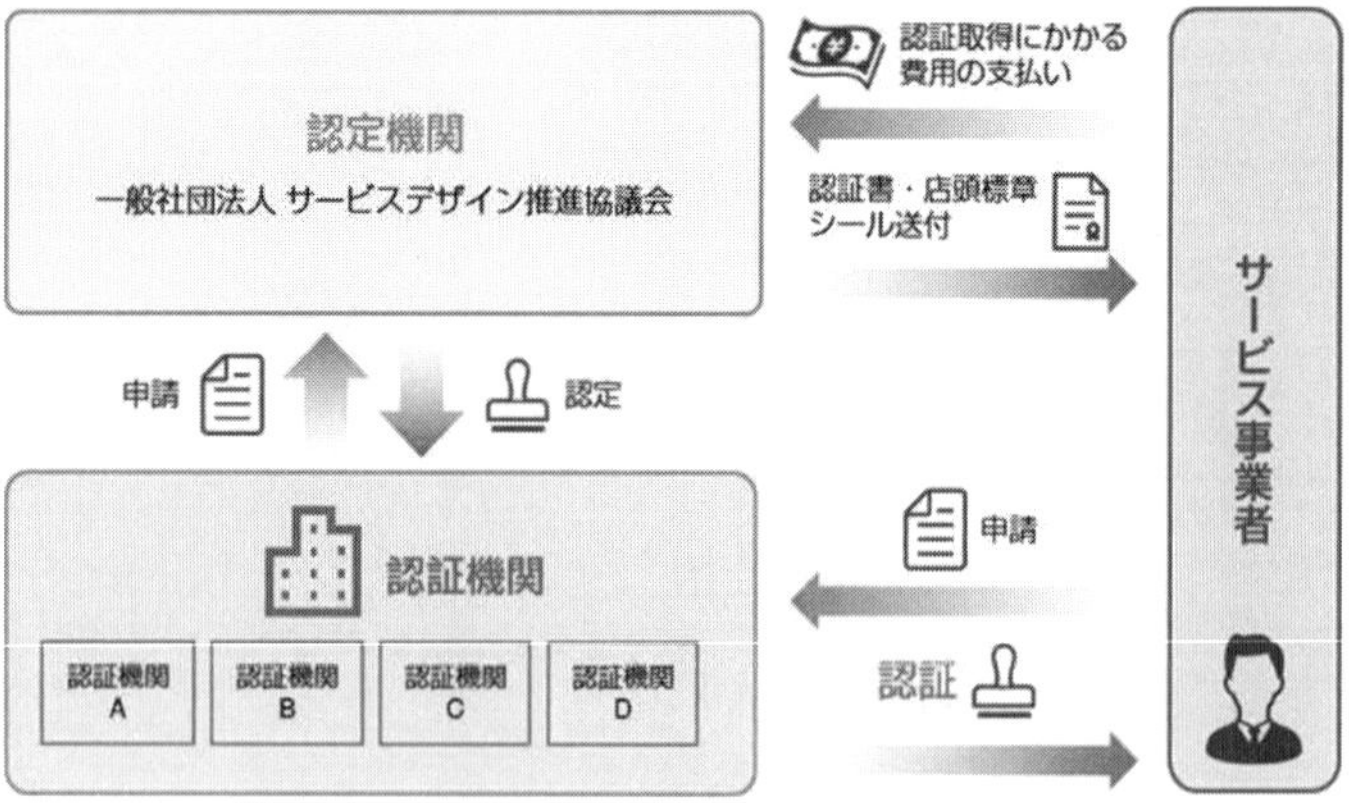

図5　金認証および紺認証の審査の流れ
出所）特定非営利活動法人日本ホスピタリティ推進協会のホームページより

以下、事例を挙げながら、それらを確かめていきます。なお、（　）内の記述は、取得した認証の種類、活動拠点、そしてサービス業の分類で該当する区分です。また、出典は一般社団法人サービスデザイン推進協議会のホームページに2019年10月14日時点で掲載されているものです。

〈事例1〉福地国際特許事務所（金認証、東京都、専門・技術サービス）

福地国際特許事務所では、お客から苦情があった際に、各部門の会議で情報共有しています。価値共創の観点から言えば、苦情を伝えるということは、サービス品質の向上に一役買っていることになります。ただ、商品に何か問題があった時、「お客の9割は、何も言わずに去っていく」と言われており、お客の意見を苦情だけではなく前向きな言葉も含めて引き出す仕組みが求められます。

〈事例2〉勝山タクシー（金認証、福岡県、運輸業・郵便業）

勝山タクシーでは、行き過ぎた成果主義に疑問を感じていました。どのような疑問かというと、現場ではドライバー個人の売上げが最優先されること、お客を売上げを獲得するための手段としか考えなくなる、同僚は競争相手ということ、などです。

ドラッカーが述べているように、企業の目的は顧客創造であり、利益はそのための手段です。勝山タクシーは、目的と手段を取り違えていました。また、競争意識は切磋琢磨される時は好効果を生みますが、仕事の上でのノウハウを共有することがなくなり（ノウハウを知った競争相手に成果を奪われてはいけないため）、職場全体での生産性は下がります。

そこで方針を転換し、お客との信頼関係を一番大切にすることにしました。それを実行するため、研修を行うなどして従業員であるドライバーの意識改革を地道に行うとともに、社風を変えるために、お客の満足度調査、バリアフリー研修や乗車体験を通じたお客目線での研修およびマニュアル作成、毎日の業務で気付いたことを従業員間で共有する情報共有カードの導入などを行っています。

これらを通じて、従業員たちは自分たちの一人ひとりが会社を代表していることを強く意識するようになり、それが金認証の取得につながりました。従業員が会社を代表しているという考えは、ドラッカーの言う「従業員一人ひとりがマネージャーである」ことの体現です。この結果、働かされている意識が変わり、顧客創造に向かうようになりました。

〈事例3〉パナソニックセンター東京（紫認証、東京都、生活関連サービス業・娯楽業）

パナソニック株式会社のパナソニックセンター東京では、研修カリキュラムにかなりの時間を割き、従業員に企業理念やビジネスの最先端まで学ばせています。最初は1～2週間の導入研修をし、その後、実際にお客の前に立つ実地訓練、そして、原稿を覚えます。これを1か月間行った後、ＯＪＴ（On-the-Job Training：「実地教育」のこと）をしながらＱ＆Ａを作成しお客に対応します。

これらが有効なのは、企業理念をどう現場で実現していくかを実地訓練の中で学ばせていることです。どこまで自分で考える力を引き出しているかは分かりませんが、少なくとも、問題意識や業務上のノウハウを習得することはできているようです。

価値共創の面では、覆面調査（ＭＳＲ：Mystery Shopping Research）を年1回行い、そこで出てきた課題を話し合い、皆で考えています。覆面調査は、いわばお客の代理だと言えるでしょう。その意味で、お客は企業との価値共創に間接的に協力していることになります。

また、来場したお客にビデオでパナソニックの考えを示した後、ディスカッションしています。これもお客と企業が協力して企業価値を共創している姿です。実際、パナソニックセンター東京では、「共創」という言葉をよく使うようです。

〈事例4〉株式会社ワンダーテーブル　ロウリーズ・ザ・プライム リブ 赤坂店（紫認証、東京都、

宿泊業・飲食サービス業）

味の良さだけではなくその雰囲気を評価するお客が多いようですが、それはどのような目的（接待か否かなど）で店を利用しているのかを聞き、従業員間で情報共有することで、席順などのきめ細かな配慮などができていることが評価されました。特に、「ゲストリレーション」という役割の従業員を配置し、テーブルごとのサーバー（給仕係）や経営陣だけではなく、店内でのお客とのコミュニケーションを行うことが、高い評価を得ています。お客は受動的ですが、店の価値共創に参加していることになります。

例えば、「チェックバックシステム」という仕組みがあり、テーブルを担当したサーバーは、必ず2回はテーブルを訪れるようにしており、例えば、肉の焼き加減を尋ねることで、焼き方を変えることもあります。黙っているお客が多い中、この仕組みはお客に間接的な「価値共創」を促していることになります。

また、この店では、顧客満足（CS）だけでなく従業員満足（ES）も高く、自分たちの働き具合の一つひとつが店の評価を左右しているという主体性が従業員にあり、これにより自律的な言動が可能になっています。

社員教育はOJTで行われますが、店ごとにトレーナーがおり初期教育からサーバー・デビューまで一貫して指導します。ただ、お客が100人いてその中の1人しか尋ねられないような知識については割愛しているとのことで、その場合の従業員の対応をどのようにすべきかについては疑問が残ります。

また紫認証の取得理由の1つに「フィロソフィー経営」が挙げられますが、グループ会社の全社員に向けて週1回「フィロソフィートーク」を配信しています。各店では、1回のミーティングで最低2名の従業員が、送られてきたテーマについてコメントを出し合います。これはとても重要なことで、フィロソフィー（経営哲学あるいは経営理念）が形骸化する危険性をはらんでいる中で、現場でどのようにその経営理念を発揮すべきかを考える癖、自ら考える習慣をつけるよい仕組みになっています。

このことは、職場の離職率が1桁（通常は、例えば、新卒の離職率は3年で約3割と報告されています[5]）に留まっている理由の1つは、従業員に権限委譲して責任感を持たせていることにもあります。言われたことをただひたすら守り繰り返すだけでは、自律的な行動ができません。自ら考えるためには、権限委譲がとても大事な要素になります。その結果、お客から「あの人はとてもいいね！」と褒められることで、より一層、自ら考え努力しようという好循環につながっています。


〈事例5〉株式会社ワンダーテーブル モーモーパラダイス 歌舞伎町本店（紫認証、東京都、宿泊業・飲食サービス業）

ここで重要視しているのが口コミです。特に、外国人のお客の6割が口コミを参考にした来店です。インスタグラム、フェイスブック、口コミサイト、トリップアドバイザーがその中心です。口コミは影響が大きいのですが、事業者が自分たちに都合よく宣伝することはできません。そのため、従業員は積極的にしっかりとお客にいろいろとアピールしています。価値共創の点では、口コミは代表的なもので、これにより事業者の価値が上下しますから、お客は口コミを通じて事業者の価値を共創していることになります。

アルバイトも従業員の仲間です。そのアルバイトが主体的にミーティングを月2回開き、店での行動や取組を決めて他の従業員に伝えるというプログラムもあります。これを「アルバイト参加型チーム制度」と呼びます。店全体で現場への対応力を向上させていることが分かります。

社員教育では、〈事例4〉と同様にフィロソフィー（企業の経営哲学、経営理念など）を伝え、形ではなく思考からの教育を行います。そのために、従業員はアルバイトも含め小冊子を常に携帯しており、その冊子には「自分を大事にする」ことで自分が成長するということが書かれています。また、役員や部長が週に1回、ウィークリーメッセージを順繰りに発信し、そのメッセージを朝のミーティングで伝えたり、会議で議論したりします。例えば、「あなたはどのように健康に心掛けていますか」と1人が投げかければ、別の人がそれに真剣に回答します。これらによりフィロソフィーの共有ができると同時に主体的な行動ができるようになります。現場で何かあった場合、常にフィロソフィーに照らし合わせることで、主体的で具体的そして一貫性のある行動が生まれるのです。

加えて、経営層と現場の壁がないことも大切です。取締役や支配人、役員や管理職が全従業員と面談したり、各店でもマネージャーと現場の従業員が1対1で面談を行ったりしていることが、その壁を取り払い、フィロソフィーが効力を持って現場に浸透しているのです。フィロソフィーなどが、単に唱えるだけのお題目に成り下がらないための仕組みです。

〈事例6〉株式会社西村屋 西村屋本館（紫認証、兵庫県、宿泊業・飲食サービス業）

西村屋では、主体的な行動を促すために、入社後2週間は、新入社員にさまざまな分野のオリエンテーションを行いますが、基本的に1年間はトレーナーが指導役として支援します。最初はトレーナーが付きっ切りで対応します。2～3か月を過ぎた頃に途中経過を振り返り、その後相談役に回ることで従業員の自立に向かわせます。これにより自律的な行動が可能になります。

また、お客には浴衣を着て出歩きたいという希望も多く、その着付けを手伝いながらお客と話をすることで、情報を集め、その後、従業員間で共有することで、他の部屋係などもお客とのコミュニケーションが取りやすくなります。宿泊や飲食という商品の価値を高めるために、従業員の働きかけを通じて、お客も協力している形になります。

お客へのアンケートも行っており、「お料理が良かった」「お風呂が良かった」などの他に「○○さんにお世話になった」という人と人とのコミュニケーションに関する評価が7割を占めており、これが従業員の自律的な行動を促していると言えます。お客はクレームだけではなく前向きな評価をすることで、価値共創に参加していることになります。

〈事例7〉鹿沼カントリー倶楽部（紺認証、栃木県、他に分類できないサービス業）

フィロソフィーの浸透のため、日々の活動の中心となる信条をまとめた「12の約束」に基づき、毎日の朝礼でその体験談を持ち回りで発表しています。そして、その内容を日報の一部として朝礼に出られなかった他の従業員が共有できるようにもしています。その中でも特に良かった事例を本部が取り上げ、「私の体験した12の約束」としてまとめ給料袋の中に同封することで、従業員への周知徹底を図ります。年に1回、「ベストオブ12の約束」として全体研修会でも表彰するとのことです。

これに加えて、「お客様の声カード」というものがあります。褒められたことやクレームを従業員が拾い上げ、カードに記入して共有します。改善の必要があるものは、対応を作成して周知します。これは、直接お客と接する従業員だけではなく間接的に接している調理や営繕などの部署にも知らせることで、モチベーション（勤労意欲）が上がることもあり、このカードを採用して以降、以前は聞き取り切れなかったお客の小さな声にも耳を傾けるようになりました。現在では、このカードの提出が増え、年間で2，500枚ほどにもなっています。このカードを書くようになった結果、お客とのコミュニケーションのみならず、従業員間でのコミュニケーションも深まり、能動的な行動につながっていると思われます。

ここでも、お客は能動的・受動的にかかわらず、事業者の経営に関わっており、価値共創の一端を担っていると言えます。

〈事例8〉さくら百貨店（金認証、青森県、卸売業・小売業）

従業員目線での「やっている」ではなく、お客目線での「できている」という思考を大切にしています。どう改善するのか、そのために何をすればよいのか、仕事仲間とそれらをどう共有すればよいのかを考えた結果、本社主導ではなく各店担当者が主体的に動き、従業員アンケートやお客の声を聞くようになりました。

また、人材要件を満たす試みとして、社内の2名がＨＣ（特定非営利活動法人日本ホスピタリティ推進協会認定ホスピタリティ・コーディネータの略）養成講座を受講しました。ホスピタリティの歴史から実践まで幅広く学ぶことで再確認できたことや新発見もありました。加えて、受講した他社の人たちとの交流もあり、受講後はそれらを元に研修を行い、社内の問題を洗い出し解決策を皆で考えることで、意見交換や情報共有ができたとのことです。

このように、お客の立場に立つ思考を形成するために、専門講座の受講も大切な仕組みでしょう。お客目線に立つというのはなかなかできませんが、それこそがおもてなしの成功と失敗を左右するのです。

〈事例9〉株式会社コナカ（紺認証、東京都、卸売業・小売業）

年2回、全販売スタッフがロールプレイング研修を受け、各シーズンの新商品の特性から付加価値までを学び、お客に説明できるような接客法を習得しています。時節に合わせて適宜応変に対応できる下地を作っています。

特に、毎日行っているロールプレイング実習では、マニュアルに載っていない場面を想定して、お客の期待を超えることも視野に入れています。消費者が多様化している現代では、現場で的確なアドバイスができることが重要なため、お客のＴＰＯに合わせたアドバイスができることが必要です。

マニュアルに載っていない部分をお客から求められることが多くなってきていることは、単に物を売って終わりでは通用しないということです。そこで、接客での「引き出し」を増やしていくことで、より的確なアドバイスができるプロ意識の醸成に取り組んでいます。

ここでも、想定されていない場面に臨機応変に対応できるような訓練を、日々行っていることが分かります。教えてもらうだけでなく、自分で考える習慣を身につけることが肝要とされています。

そのような努力の結果、お客から「適切なアドバイスをもらえた」「いい買い物ができた」「急ぎの用で開店前にもかかわらず丁寧な接客を受けた」などの褒め言葉をもらうことができ、それが従業員のモチベーションを上げています。お客は、苦情だけではなく褒め言葉を伝えるということも、価値共創への積極的な参加だと言えるでしょう。

特記すべきは、業務改善や効率化に当たって、「なぜそれが必要なのか」「なぜそれを行うのか」

という「なぜ（WHY）」を常に問い掛けていることです。例えば、「バックオフィスを整理整頓しましょう」と言うだけではなく、「バックオフィスを整理整頓することで、お客への商品提示の時間が短くなり、スピーディーな対応にお客が喜ぶ」と説明することで、応用の効く思考を育てています。

〈事例10〉神戸牛 吉祥グループ（金認証・紺認証、兵庫県、宿泊業・飲食サービス業）

吉祥グループでは、基本的な接客マニュアル以上のマニュアルはなく、従業員には「お客をよく見て自分で判断する」ことを伝えています。例えば、キャリーバッグを持っているかどうか、家族連れかカップルか、旅行客か地元客かなどを、観察や会話の中から判断し、それに対応した接客を行っています。

また、HCやAHC（特定非営利活動法人日本ホスピタリティ推進協会認定アソシエイト・ホスピタリティ・コーディネータの略）が中心となって、「神戸牛コンシェルジュ」という役職の設置に貢献しています。この役職の存在によって、おもてなし規格認証取得へ向けた従業員のモチベーションが向上しています。

覆面調査やお客への聞き取り（カスタマーリサーチ）を行っていますが、それは直接お客に問い掛けても引き出せなかったお客の本音を引き出し、それらを数値やコメントとして可視化することで、従業員たちが考えるきっかけにしています。これもお客が間接的に事業者の商品改善に参加して、価値共創を行っていることになるでしょう。

〈事例11〉株式会社スーパーホテル（紫認証、東京都、宿泊業・飲食サービス業）

スーパーホテルでは、マニュアルを超えたサービスを提供するため人材教育に力を入れています。その1つが、フィロソフィーを書いた「Faith」カードを従業員が常に携帯し、毎日唱和するだけでなく各項目についての自分の考えなどを発表し、支配人がフィードバックしています。これにより、会社全体でフィロソフィーを理解し実行することができています。

また、フロントアテンダントを対象にマナーや考え方、歴史を伝えたり、ディスカッションなどをするオリエンテーションを行ったりすることで従業員の気付く力を高めています。加えて、現場で行われたマニュアルを超えた対応があった際は、そのエピソードを年2回開かれる総会の中で感動大賞として表彰することで、従業員がマニュアルを超えた行動をするように促しています。

アルバイトも含めたスーパーホテルグランプリという接客コンテストもあり、参加者の向上心を養うだけでなく、コンテストで評価された対応を各店舗で一緒に練習することで、従業員たちに顧客目線を身につけさせています。

覆面調査は年9回実施していますが、そこで出た評価についてのコメントには、なぜそのような評価になったかも記されているため、〈事例9〉のコナカのように、評価を受ける対応の原則「なぜ（WHY）」を理解して、他の対応にも応用することができます。

ＩＴ化も進めており、それによって削減された時間や労力を、接客に回すということもできています。これもおもてなしの品質を高めるのに一役買っています。

八重洲店では、毎日テーマを変えて接客のロールプレイング（「今日のロープレ」と呼ばれています）を行ったり、部下と上司が1対1で毎月30分から1時間かけて面談したり、さらに、月1回全員で2時間ほどのミーティングで、勉強会や店舗改善の話し合いなどをしています。これらの取組は重要で、トップダウンで指示するだけでは、従業員は受け身になり思考停止に陥ることもありますが、これにより従業員が一人ひとり自分で考える習慣をつけ積極的に動く基盤を創っているといえるでしょう。

〈事例12〉株式会社ルネサンス（紺認証、東京都、生活関連サービス・娯楽業）

ルネサンスは、２００７年頃から覆面調査を取り入れています。自社で設計していない調査項目もあるため、自分たちでは気付けなかった問題点などを、お客目線で知ることができたと言います。

例えば、トレーニングジムでエリアごとに担当するトレーナーが「担当の○○です」と自己紹介すると、お客は常にマンツーマンの指導を受けられるものと思い、次にそのトレーナーがいないと不満が出てきます。実際は、担当のトレーナーは時間ごとに変わるのですが、調査によりそこが伝わっていなかったということが分かりました。自分たちでは当然と思っていることでもお客には伝わっていない、お客目線での対応ができていないと気付けたのでした。

お客との共創関係を築きたいと思っているルネサンスにとって、お客の当たり前を従業員の当たり前にすることが大事なのです。これも価値共創の一例です。

〈事例13〉但馬信用金庫（認証表示不明、兵庫県、金融業・保険業）

サービス業では不明瞭な品質検査を行う場合、できていることとできていないことを知ることが重要です。トップができていると感じていても、現場では従業員によってムラがあれば、水準以上のサービスを行うことは難しくなります

そこで、おもてなし規格認証のセルフチェックシート（**表4**参照）に照らし合わせることで、「どういう改善を」「どういう優先順位で」「どういうスピード感で」やるべきかを考えられるようになりました。そして、ＴｏＤｏリストを作成して業務を考え一人ひとりが実行できるようにしています。

従業員一人ひとりが自覚してサービス品質の内容と水準を考えるには、これらの「見える化」は役立っていると思われます。

〈事例14〉二世会（認証表示不明、兵庫県、宿泊業・飲食サービス業）

おもてなし規格認証のセルフチェックシートは、サービス品質の確認に非常に役立っているようです。二世会のメンバー同士で、「チェック・リストの20何番はできている？」と確認できるので、

問題点を把握できると言います。それでもセルフチェックだけでは不安が残る場合は、認証機関によって外部から客観的に吟味できる仕組みは良いと評価しています。

〈事例15〉城崎温泉旅館協同組合（認証表示不明、兵庫県、その他）

旅館は、宿泊時に衣食住のすべてを人を介してサービスを提供します。見方によっては、家族のような関係になるため、人と人とのコミュニケーションがとても重要になります。お客の立場になって親身にお世話をすることが、お客の喜びにつながり、そこで手応えがあると従業員のやる気や満足度につながります。そう考えると、人と人とが触れあう場自体が、価値共創の舞台にもなるでしょう。

〈事例16〉杢目金屋 表参道本店（紺認証、東京都、製造業）

杢目金屋 表参道本店のサービス品質の向上には、お客からの評価が役立っています。特に評価が高いのが、最初は1つにつながったブライダルリングが、お客の手で2つになり2人で分かち合うことができるというものです。これが杢目金屋の期待以上の評価を呼び、お客がSNSなどに投稿することでその評判が広まっています。ホームページにもお客の事例を1万5,000以上掲載し、月200件の更新を行うことで、お客への情報発信ができています。SNSの投稿もホームページへの事例掲載の許諾も、商品の価値共創にお客が積極的に関わっていることの例です。

従業員のお客への関わり方ですが、単に指輪を売るだけでは自動販売機と何ら変わらないと考えています。重要なのは、指輪を介してお客の人生を彩るお手伝いをすることにあります。そのため、社員にはお客とともに成長させたいという思いがあり、コンシェルジュと呼ばれる販売員の99％が正社員です。長く勤めてお客と一緒に年を取ってもらうという主旨です。

毎年作成される経営計画書ですが、これを手帳サイズの冊子にしたものを全社員に配り、常に確認できるようにしています。また、週単位でマニュアルを更新して、日々の振り返りやトレーニングに役立てています。加えて、実行計画を立て、それを実施、確認、改善するＰＤＣＡを１日単位、週単位、四半期単位での評価（アセスメント）につなげています。

従業員による改善の提案も大事にしており、「改善提案書」と「チョコ案」（チョコッとした改善案を提案するもの）の２つの提案制度を設け、そこに書かれたものを工房の壁や本社の廊下に貼り、部署にかかわらず誰もが見られるようにしています。特に「チョコ案」は、従業員が些細なことだから提案するほどのものでもないという意識から解放し、細かな一つひとつの提案が最終的なサービス品質の向上につなげることに成功しています。

製造から販売まで一貫した思考を浸透させるために社員教育ではマニュアルが中心となりますが、マニュアルが形骸化しないように常に吟味し改善を行います。コンシェルジュの場合は振り返りシートがあり、お客との対応でうまくいったことやうまくいかなかったことを日々チェックしています。他にも、マニュアルから外れた事態があった場合は、それを報告したり、コンシェルジュが疑問に思ったことをグループごとにSNSでやり取りしたりするようにしています。

技術に関しては、定量化できないもの（言語化できないもの）は、ビデオで撮影し、工房の小型モニターに流しています。これも情報を共有しサービス品質を向上させる大切な仕掛けと言えるでしょう。

これらの試みが、従業員が自律的に考え動くための仕組みです。

〈事例17〉パナソニックセンター大阪（紫認証、大阪府、製造業）
住宅という製品は、お客のライフスタイルや生き方を具現化する手段だという発想で相談に乗っています。また、ショールームには「Re-Life Story～もっと、人生を、新しく」というテーマで、13種類のRe-Lifeの物語に沿ったモデルルームを展示しています。これらを通じて、お客とコミュニケーションを取り、さらに、お客が気付いていなかった要望まで察知するようにしています。ここに「期待を超えるおもてなし」があると考えています。
現場の声を拾うことにも熱心で、それをコミュニケーションカードとして集約し、常に一番大事なものとして扱います。ネガティブな声にはすぐに改善し、ポジティブな声には感動事例として蓄積し、従業員間で共有します。この現場の声の共有のために、他には、ワーキンググループを編成し、「お客様にこの施設の価値を伝えるためにはどうしたらいいか」「お客様に寄り添って心地よくつながるためにはどうすればよいのか」などのテーマを設定し、選抜メンバーが月に2～3回の頻度で議論するようにしています。

顧客満足度調査も定期的に実施し、また、第三者機関による接客品質調査も同時に行っています。それにより、良い点や悪い点が分かってくるので、その内容を反映した研修カリキュラムを作成し、現場に還元する実践的な研修を行っています。

現場の声を共有するために、他には、フリーアドレスという固定した机を従業員が個々に持たない制度を導入し、社内の連携や情報共有が円滑に行えるようにもしています。

コンシェルジュサービスというものもあり、接客履歴を登録し、お客が今どういう状況にあるのかという進捗状況を把握し、それを参照しながらお客に対応しているということです。接客時には、さまざまな商品や施工事例などが入っているタブレット端末で、各種情報を提供しています。

マニュアルに反映できない部分、感性や気持ちという部分については、試行錯誤していますが、例えば、お客からもらった喜びや感謝の声を全員で共有し、優れた接客については映像化して研修に活用します。これは、従業員の励みになるため、自分たちの仕事の価値を実感することもできます。

このように、さまざまな仕掛けを用意し運用することで、自分で考え行動するモチベーションを上げるようにしています。


〈事例18〉スーパーホテルＬｏｈａｓ東京駅八重洲中央口（紫認証、東京都、宿泊業・飲食サー

ビス業）

自動チェックイン機と各部屋の暗証番号錠と連動させる「ノーキー・ノーチェックアウト」や料金の自動清算、顧客満足度と生産性の向上を考慮してホテルの人員を最適配置する「ワークスケジュール」などのＩＴに任せることで、お客とのコミュニケーションを増やし、サービス品質を高めています。またルーティンワークを減らすことで、従業員にお客ごとに異なる対応を可能にしています。そこでは、自ら考えることが要求されます。

自社開発の共有システム「スーパーウェア」では、アンケートの集計結果を閲覧できるようにし、顧客満足度の高い他店舗の情報を分析することで、従業員全員にフィードバックできるため、接客の質向上に役立てています。

社員教育では、「自律型感動人間」というスローガンを掲げ、接客マニュアルだけではなく、顧客満足度を向上させようと、経営者側と従業員との会話の中でそれを高めようとしています。

また、〈事例11〉でも言及した「Faith」と名付けられた経営指針書に、従業員の全員がコメントすることにしています。「考えたことを発信する」「周りの人はそれを聞く」「それに対してコメントする」という流れで、経営層の考えを全従業員に浸透させます。加えて、上司との1対1の面談を月1回30分以上行いますが、そこに社員教育の60～70％をかけていると言います。従業員によるお客の観察や声掛けも大事です。荷物や服装、声掛けへの返答などからお客の要望を察するようにしています。

このような自律した接客を通じてお客が感動すると同時に、接客側も感動する、その好循環が次の行動を促します。感動の源は、お客からの感謝だと言います。「商品に何か問題があった時、お客の9割は何も言わずに去っていく」と言われますが、反対に、感動した時は、リピーターとしての行動に表すだけでなく、実際に声にして伝えることが、価値共創においてお客が果たす役割です。

〈事例19〉鈴鹿サーキット（紫認証、三重県、生活関連サービス業・娯楽業）

製造業にQCサークルがあるように、鈴鹿サーキットではCSサークルという7〜8名のチームを50〜60ほど組んで、お客へのサービスの問題提起と改善に取り組んでいます。毎年、各事業所で予選会を行い、勝ち上がったチームによる全社発表の後に、最優秀賞を決定します。これにより、他の部署や社員の改善点を共有できます。

また、自分以外の社員やアルバイトがお客に素晴らしいサービスをしている場合、それをメモに取って、投票する制度もあります。投票結果に基づいて、毎月、表彰を行います。正社員だけでなくアルバイトも含め、全員でサービス品質を判断しようとするものです。

さらに、フィロソフィーを活用した朝礼や研修を行い、従業員への浸透を図っています。単なるお題目ではなく実際に身についたフィロソフィーを現場に活かせるようにしています。

〈事例20〉滋賀ダイハツ販売 栗東店（紫認証、滋賀県、卸売業・小売業）

女性客が1人でも入れる店舗を目指して、滋賀ダイハツ販売栗東店は、女性だけの「カフェプロジェクト」を立ち上げました。2か月に1回、情報を持ち寄り提案を行って実行に移しています。例えば、お客を出迎えしやすいように受付の場所を変更したり（受付には女性が滞在することが多いため女性の視点が活きます）、自動ドアをあえて手押し扉にすることで、従業員が扉を開ける際、お客と会話ができるようにしました。

経営ビジョンとして5つの幸せ「五幸」が掲げられていますが、その1番目に来るのが「社員の幸せ」で、2番目に来るのが「お客様の幸せ」です。お客は気に入らなければ、他店や他社に出向けば済む話ですが、従業員はそうはいきません。従業員の満足があってこその顧客満足というわけです。

従業員が満足して働くことでお客も喜ぶ、その好循環を生むことで、サービス品質が向上していくという狙いがあります。従業員の犠牲の上に顧客満足が成立しても、その犠牲から来る綻びはお客への対応に影響します。反対に、従業員の幸せのためにお客を犠牲にすることがあってはいけないのです。

〈事例21〉鉄板焼きバール ピアチェーレ（金認証、福岡県、宿泊業・飲食サービス業）

ピアチェーレでは、来店するお客を自宅に招いたお客だと考えています。そうすれば、相手によって、何をすればよいかよく考えるようになり、お客に親身になって対応します。そのような気持ちを、従業員の一人ひとりが自分の個性に合わせて考えることに価値を見出しています。

それを十分に行うために、お客との会話を大事にしています。お客の言葉の端々から察して「私はこういう料理でコミュニケーションを取らせていただきます」と返答することが肝要であり、お任せはあり得ないのです。それは、イタリア語であるピアチェーレの意味にも表れており、「はじめまして」「お会いできて光栄です」という意味の他に、「自動演奏」という意味があり、店長や従業員がその場に応じて最適なものを、即興で自由にお客に提供するという姿勢につながっているのです。おもてなしの源流である茶道の言葉を借りれば、常に「一期一会」の出会いなのです。

このような発想が、自律的な思考と行動につながるのです。

〈事例22〉オルタナティブ・ヘア・ギャラリー（金認証、福岡県、生活関連サービス業・娯楽業）

オーナー・ディレクターの池留正博氏は、おもてなしは、お客一人ひとりと向き合って、そのニーズ（要望）を察知することだと言います。お客のニーズを実現するためには、技術も大事だと言います。そのため、流行をインターネットなどの画像で学ぶだけでなく、実際に流行の現場まで出向いて感じることを大切にしています。そして、月に1回、営業時間内に従業員を集めて3時間ほど研修や勉強会を行います。もっと根本的な「働くことは何か？」を考える場も設けています。このように、お客の要望を察知し、それを実現させるための技術習得が求められています。

〈事例23〉東京個別指導学院（紺認証、東京都、教育・学習支援業）

紺認証では、人材要件を満たした人材が1つの事業所に1名以上配置しなければいけないという条件がありますが、東京個別指導学院では、社長自身がまず本気になり、先頭に立って取り組んだとのことです。その結果、特定非営利活動法人日本ホスピタリティ推進協会（以下、JHMA）認定のアソシエイトホスピタリティ・コーディネータ（以下、AHC）資格を442名が、その上位資格であるホスピタリティ・コーディネータ（以下、HC）を16名が取得する結果になりました。HCの取得には社長が率先して行動し、それに倣って幹部が取得したとのことです。

そして、HCを取得した16名で、自社のホスピタリティとは何かを議論して、「いつもありがとうを大切に、すべての人と喜びを分かち合う」というコンセプトを定め、そのコンセプトに従って、JHMAの講座内容を自社用にアレンジし、自社版のAHC養成講座を開きました。このようにトップが手本を見せることは、重要なことです。というのも、掛け声だけは立派でも部下がついて来ないという状況がままあるからです。トップが従業員全員の手本になることで、トップの真剣さが伝わります。

学生アルバイトが9，000人いますが、彼らにホスピタリティの精神を共有させるために、「何のために講師をしているのか」と問い掛けてフィロソフィーへの共感を促すとともに、「マニュアル通りではなく主体的になれているか」も問い掛けています。実際には、教室ごとに学生アルバイトが主体となって年度計画を立て、年に1回、東西でその活動報告会を開いたりしています。これを通じて、学生アルバイトで構成されるチーム同士の理解が深まり、信頼関係が築かれ、チャレンジ精神が養われます。覆面調査では、悪いところだけではなく、保護者目線からの良い評価も得られるため、現場では真摯に課題と向き合えるようになります。

4　おもてなし規格認証の意義と課題

この制度の意義は、先にも述べましたが、工業製品と異なり明確な品質水準を保ち、あるいは、それを向上させる目安がなかったことです。しかも、GDPに占めるサービス業の占める割合が7割を超えるようになった現在、低い生産性を放っておくことはできません。そこで、セルフチェックができるような項目を設定したり、より客観的な視点を取り入れるために認証機関による審査も行われたりするようになりました。サービス業における商品品質（サービス品質）を向上させる契機になっていると評価できます。

このことは重要な点で、おもてなし品質（サービス品質）を向上させようとして、精神論に走ることなく、仕掛けとして誰もが参加できるようにしたことが、サービス業への貢献だと言えます。ただ、おもてなし規格認証の取得事業者数も目標には遠く達しておらず、消費者への認知へ向けた広報活動や宣伝活動は、関連資料を調べた限り出てきません。この認証制度の存在を日本人だけではなく訪日外国人にも周知徹底することが求められます。

現場で自律的に考え行動する仕掛けの取組も、事例に挙げた各社では行われています。自ら考え行動する習慣を、どのように身につけていくかが重要な課題ですが、仕組みとして導入している点が評価できます。

ただ、仕組みがあっても自律的に考え行動するやり方が分からないという従業員がいるのであるならば、それへの対策を考える必要があります。特に参考になるのは、〈事例9〉で挙げたコナカの試みです。日本の教育は、これまで知識の習得、実質的には暗記主体の学習が中心で、自ら考える教育がなされてこなかった歴史があります。「何（WHAT）」を覚えることに時間が割かれ、「なぜ（WHY）」を考える習慣がありませんでした。コナカでは、その「なぜ（WHY）」を大事にして、従業員たちに考えさせています。この課題の解決のヒントが、コナカにあると考えます。

一方、消費者はどうでしょうか。サービスの生産において価値共創を行う役割の一端を担うことを考えると、これまで挙げた事例では、良いところ悪いところに関する情報伝達が主な行動でした。覆面調査は、サービス生産における消費者の間接的な参加とは言えますが、まだまだ十分とは言えません。企業の取組と比較すると、現状では、かなり消極的で受け身です。茶道の考えでは、おもてなしは、おもてなしする人とおもてなしされる人との共同作業によって成立します。「主客一体」と呼びますが、正に「価値共創」と重なる考えです。消費者がより能動的で積極的にサービスの生産に関わる仕組みや態度を追求するのが、今後の課題です。

最後に、おもてなしと言えば、もてなされる側の満足（顧客満足）がこれまで重視されてきましたが、おもてなし規格認証では、もてなす側の満足（従業員満足）も同様に重視しています。顧客満足に奔走して疲弊するばかりであれば、真のおもてなしとは言えません。茶道で「亭主七分」というように、もてなす側がもてなすことに満足を感じなければ、それは、本当のおもてなしとは言えないのです。従業員満足も評価対象になっていることは、おおいに評価できることです。

注

[1] おもてなし規格認証制度について、首相官邸のホームページより

[2] 公益財団法人日本健康・栄養食品協会「特定保健用食品部の申請支援について―申請支援に係る料金体系改定のご案内―」日健栄第197号、平成24年12月25日

[3] 一般社団法人サービスデザイン推進協議会のホームページ

[4] 一般社団法人サービスデザイン推進協議会のホームページ

[5] 転職Hacks https://ten-navi.com/hacks/article-17-10032

参考にした情報源：すべてホームページ

一般社団法人サービスデザイン推進協議会 https://www.service-design.jp/

特定非営利活動法人日本ホスピタリティ推進協会 https://hospitality-jhma.org/wordpress/omotenashi/

一般社団法人おもてなしマイスター協会 https://www.omotenashi-meister.or.jp/about

経済産業省 https://www.meti.go.jp/press/2018/01/20190117004/20190117004-1.pdf

首相官邸 https://www.kantei.go.jp/jp/singi/tiiki/seisaku_package/siryou2018/siryou4-2/6-10.pdf

3章

「収益認識に関する会計基準」の概要と会計実務への影響

追手門学院大学経営学部准教授　宮宇地 俊岳

1　はじめに

売上高に代表される「収益」の認識について、これまでは『企業会計原則』において、「売上高は、実現主義の原則[1]に従い、商品等の販売又は役務の給付によって実現したものに限る。」（企業会計原則第二　損益計算書原則三B）とされ、詳細な内容を規定した包括的な会計基準が存在した訳ではありませんでした。この状況に対して、企業会計基準委員会（以下、ＡＳＢＪ）は、２０１８年３月に、企業会計基準第29号「収益認識に関する会計基準」及び企業会計基準適用指針第30号「収益認識に関する会計基準の適用指針」を公表しました（以下、新基準）。さらには、２０１９年10月に、企業会計基準公開草案第66号（企業会計基準第29号の改正案）と企業会計基準適用指針公開草案第

66号（企業会計基準適用指針第30号の改正案）を公表し、主に「表示」の論点について意見募集を行っているところでもあります。

この新基準は、2021年4月から、上場企業を中心に強制適用[2]となります。他方で、非上場企業であったとしても新基準の影響を受ける可能性はあります。具体的には、①株式公開をしていなくても1億円以上の社債等を発行する場合[3]、②上場企業の連結子会社に該当する場合（親会社の会計基準に揃えることを求められる可能性があります）、③会計監査が求められる会社法上の「大会社[4]」に該当する場合等が考えられます。

中小企業（ここでは、上場企業と右記③の会計監査担当者設置会社を除いた企業の意味）の会計については、「中小企業の会計に関する指針」（日本税理士協会、日本公認会計士協会、日本商工会議所、及び企業会計基準委員会の4団体により公表）、又は「中小企業の会計に関する基本要領」（中小企業庁が公表）が、指針として用いられています。これらの指針については、収益認識に関する新基準が開発されたとしても、その内容が反映されることは、（現状では）想定されていません。ただし、会社法において、「『金融商品取引法の中で一般に公正妥当と認められる企業会計の基準』をもとに計算書類を作成することを妨げない」とされているため、新基準を適用することは可能ではあります。

そこで、本章では、「証券取引所に上場し、株式を公開している企業」以外の株式会社を中小企業と想定したうえで、中小企業の経営にも影響を与えうる新基準に関する概要について概説します。

2　新基準開発の経緯と意義及び範囲

(1)　経緯と意義

新基準が開発・公表された背景には、国際的な会計基準の動向があったと考えられます。ＡＳＢＪとしての立場を述べている小賀坂・川西（２０１８）、島田・岡部（２０１８）によれば、「国際会計基準審議会（ＩＡＳＢ）及び米国財務会計基準審議会（ＦＡＳＢ）は、共同して収益認識に関する包括的な会計基準の開発を行い、２０１４年５月に『顧客との契約から生じる収益』を公表している（ＩＡＳＢにおいてはＩＦＲＳ第15号、ＦＡＳＢにおいてはＴｏｐｉｃ６０６を公表している）。これらの状況を踏まえ、わが国のＡＳＢＪは、新基準の開発を決意し、公開草案の公開ならびに意見募集を行ってきた。新基準開発の意義としては、（１）わが国の会計基準の体系的整備、（２）企業間の財務諸表の比較可能性の向上、（３）企業により開示される情報の充実、を挙げている。また、会計基準の開発方針としては、ＩＦＲＳ第15号と整合性を図り基本的な原則を取り入れることを出発点とし、これまでわが国で行われた実務に配慮すべき項目については、代替的な取り扱いを追加することとした（一部、筆者による加筆・修正があります）」と、説明がなされています。

（2）新基準の範囲

次に、新基準の適用範囲についてですが、原則として、収益認識基準は、「顧客との契約」から生じる収益に適用されます（第3項、括弧内の数字は企業会計基準第29号の条項番号を示しています。適用指針の条項番号の場合は別途その旨を記します）。そのため、まずは、契約の対象が「顧客」に該当する主体であるのかという点と、その取引が新基準の想定する「契約」に該当するのかという点について、考える必要があります。ただし、「顧客との契約」から生じる収益に該当したとしても、適用範囲外の取引にあたる場合には新基準は適用されません。新基準では、企業会計基準第10号「金融商品に関する会計基準」の範囲に含まれる金融商品に係る取引、企業会計基準第13号「リース取引に関する会計基準」の範囲に含まれるリース取引等については適用されません（第3項）。これらの適用外のものを除いた「顧客との契約」から生じる収益については、『企業会計原則』に優先されて新基準が適用されることになります（第1項）。

新基準において「顧客」とは、対価と交換に企業の通常の営業活動により生じたアウトプットである財又はサービスを得るために当該企業と契約した当事者をいう（第6項）と定められているため、契約の対象が「顧客」に該当する主体であるのかという点については、この定義に該当するか否かを検討することになります。たとえば、新製品の共同開発契約をS社とT社で締結したとしても、対価を得る訳ではなく、また、通常の営業活動としてのアウトプットを提供する訳でもないため、当該契約は「顧客」と結んだものとはみなされません。また、新基準において「契約」とは、法的な強制力のある権利及び義務を生じさせる複数の当事者間における取決めをいう（第5項）と定められているため、対象となる取引が新基準の想定する「契約」に該当するのか否かを検討することになります。「契約」に該当するのかを識別するプロセスについては、後述します（収益認識の5つのステップのステップ1に相当します）。なお、ここでいう契約は、書面を交わして成立したものに限定されておらず、口頭での約束や取引慣行等によって成立する場合もあります。

3　会計処理

(1) 基本となる原則

新基準では、収益認識の基本原則を「約束した財又はサービスの顧客への移転を当該財又はサービスと交換に企業が権利を得ると見込む対価の額で描写するように、収益を認識することである」（第16項）と定めています。収益認識基準として、「財・サービスの移転時点」を「企業にとって義務を履行した時点」と考え、「顧客が（財・サービスの）支配を獲得した時点」と考えています。**図1**に示すように、新基準では、この原則に沿って、収益を認識するための5つのステップを採用しています（第17項）。

（ステップ1）「顧客との契約を識別する」では、新基準は、顧客と合意し、かつ、所定の要件を満たす契約に適用されることを定めています。「契約の識別」では、以下の5つの要件を満たす「顧

（ステップ１）　顧客との契約を識別する

（ステップ２）　契約における履行義務を識別する

（ステップ３）　取引価格を算定する

（ステップ４）　契約における履行義務に取引価格を配分する

（ステップ５）　履行義務を充足した時に又は充足するにつれて収益を認識する

図1　収益認識の5つのステップ

客との契約」の識別を行います。具体的には、①当事者が、書面、口頭、取引慣行等により契約を承認し、それぞれの義務の履行を約束していること、②移転される財又はサービスに関する各当事者の権利を識別できること、③移転される財又はサービスの支払条件を識別できること、④契約に経済的実質があること（契約の結果として、企業の将来キャッシュ・フローのリスク、時期又は金額が変動すると見込まれること）、⑤顧客に移転する財又はサービスと交換に企業が権利を得ることとなる対価を回収する可能性が高いこと（以上、第19項）の5要件です。

（ステップ2）「契約における履行義務を識別する」では、契約において顧客への移転を約束した財又はサービスが、所定の要件を満たす場合には、別個のものであるとして、当該約束を履行義務として（履行義務ごとに区別して）識別します。

（ステップ3）「取引価格を算定する」では、変動対価又は現金以外の対価の存在を考慮し、金利相当分の影響及び顧客に支払われる対価について調整を行い、取引価格を算定します。

（ステップ4）「契約における履行義務に取引価格を配分する」

では、契約において約束した別個の財又はサービスの独立販売価格の比率に基づき、それぞれの履行義務に取引価格を配分します。独立販売価格を直接観察できない場合には、独立販売価格を見積もります。

（ステップ5）「履行義務を充足した時に又は充足するにつれて収益を認識する」では、約束した財又はサービスを顧客に移転することにより履行義務を充足した時に又は充足するにつれて、充足した履行義務に配分された額で収益を認識します。履行義務は、所定の要件を満たす場合には一定の期間にわたり充足され、所定の要件を満たさない場合には一時点で充足されると考えます。

この5つのステップを文言だけで理解することは困難であるため、『「収益認識に関する会計基準の適用指針」の設例』（47—48頁）の中で取り上げられている設例を、**図2**にて紹介し、それらをフロー図にしたものを**図3**に示します。

(2) ステップごとの論点

（ステップ1）では、前項で述べたとおり、5つの要件に照らして「顧客との契約」を識別しますが、同一の顧客（当該顧客の関連当事者を含む）と同時又はほぼ同時に契約した複数の契約について、次の①から③のいずれかに該当する場合には、当該複数の契約を結合し、単一の契約とみなして「契約の結合」を行ったうえで処理をします（第27項）。「契約の結合」は、たとえば、「メインとなる工事契約＋付帯工事の契約」「基幹システムの販売契約＋オーダーメイドシステムの販売

１．前提条件

（１）当期首に、A 社は B 社（顧客）と、標準的な「商品 X の販売」と「２年間の保守サービスを提供」する１つの契約を締結した。

（２）A 社は、当期首に商品 X を B 社に引き渡し、当期首から翌期末まで保守サービスを行う。

（３）契約書に記載された対価の額は 12,000 千円である。

２．収益を認識するための５つのステップによる検討

●ステップ１：顧客との契約を識別する。

●ステップ２：商品Xの販売と保守サービスの提供を履行義務として識別し、それぞれを収益認識の単位とする。

●ステップ３：商品Xの販売及び保守サービスの提供に対する取引価格を12,000千円と算定する。

●ステップ４：商品X及び保守サービスの独立販売価格に基づき、12,000千円の取引価格を各履行義務に配分し、商品Xの取引価格は10,000千円、保守サービスの取引価格は2,000千円とする。

●ステップ５：履行義務の性質に基づき、商品Xの販売は一時点で履行義務を充足すると判断し、商品Xの引渡時に収益を認識する。また、保守サービスの提供は一定の期間にわたり履行義務を充足すると判断し、当期及び翌期の2年間にわたり収益を認識する。

３．当期収益

以上の結果、企業が当該契約について当期に認識する収益は、以下のとおりである。

商品売上 10,000 千円 ＋ 保守サービス料 1,000 千円 ＝ 11,000 千円

図2　5つのステップの設例

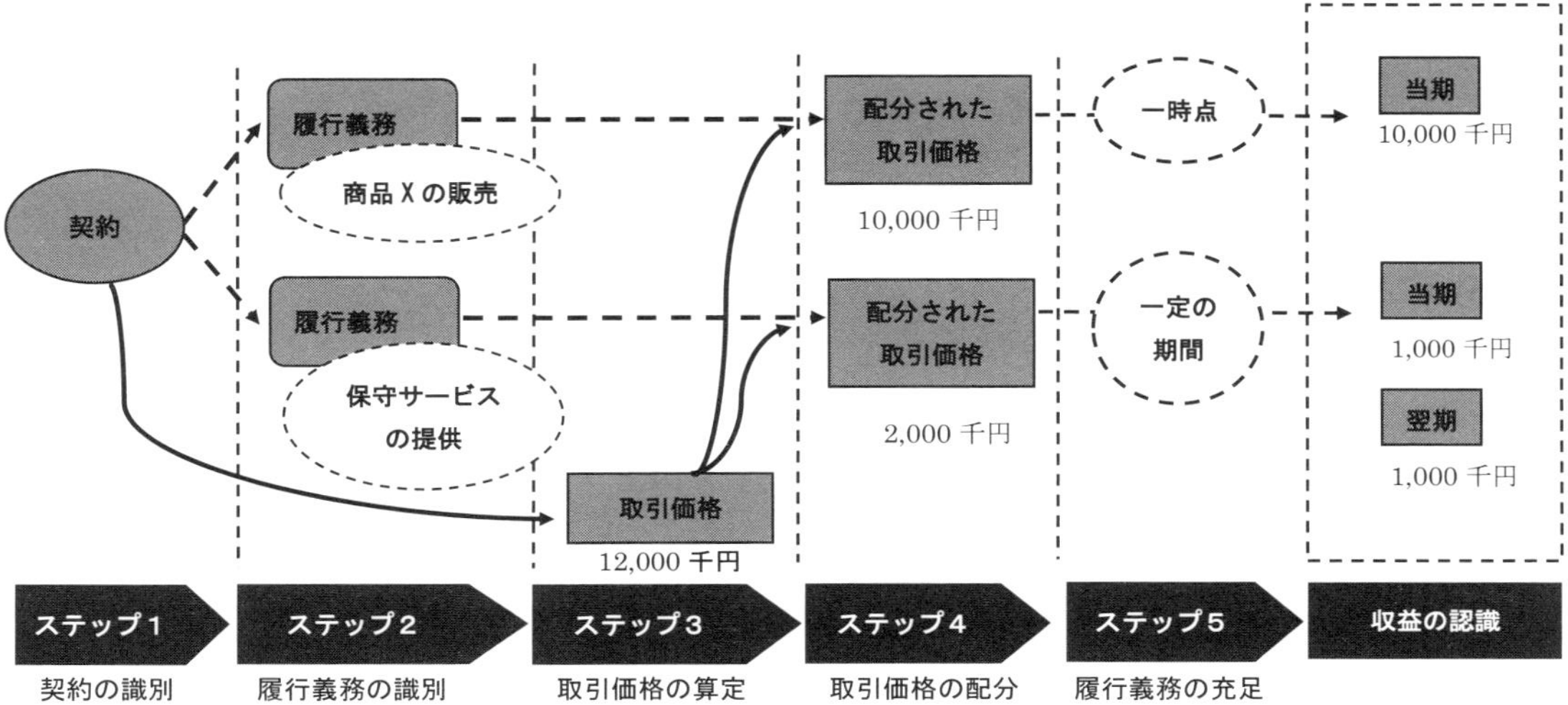

図3　設例に沿った5つのステップのフロー

出所）企業会計基準委員会（2018）「収益認識に関する会計基準の適用指針の設例」48頁、及び島田・岡部（2018）『企業会計』第70巻第7号、83頁をもとに作成。

契約」「自動車の販売契約＋オートローンの融資契約」「家電製品の販売＋3年間の無料修理保証の追加契約」等が例として考えられます。3つの該当条件とは、①当該複数の契約が同一の商業的目的を有するものとして交渉されたこと、②1つの契約において支払われる対価の額が、他の契約の価格又は履行により影響を受けること、③当該複数の契約において約束した財又はサービスが、第32項から第34項（履行義務の識別の定め）に従うと単一の履行義務となることです（第27項）。

（ステップ2）では、前項でも述べたとおり、契約において顧客への移転を約束した財又はサービスが、所定の要件を満たす場合には、別個のものであるとして、当該約束を履行義務として（履行義務ごとに区別して）識別します。「履行義務」とは、企業が顧客に財又はサービスを提供する約束を一定の単位でまとめたものであり、①別個の財又はサービスを顧客に移転する約束（たとえば、家電製品の販売）、又は②一連の別個の財又はサービスを顧客に移転する約束（たとえば、日々のオフィス清掃契約のように、毎日の清掃活動が積み重なって全体としての履行義務を形成する）、に該当するものをいいます（第32項）。

顧客に約束した財又はサービスは、次の①及び②の要件のいずれも満たす場合には、「別個の」財又はサービスとしてみなします（第34項）。その要件は、①当該財又はサービスから単独で顧客が便益を享受することができること、あるいは、当該財又はサービスと顧客が容易に利用できる他の資源を組み合わせて顧客が便益を享受することができること（顧客が財又はサービスから単独で、又は容易に利用できる他の資源との組み合わせとして、便益を享受できるか否か）、②当該財又はサービスを顧客に移転する約束が、契約に含まれる他の約束と区分して識別できることです。

（ステップ3）では、取引価格を算定します。取引価格とは、財又はサービスの顧客への移転と交換に企業が権利を得ると見込む対価の額をいいます（ただし、消費税のような、第三者のために回収する額を除きます）（第8項）。取引価格の算定にあたっては、契約条件や取引慣行を考慮します。顧客により約束された対価の性質、時期及び金額は、取引価格の見積りに影響を与えます。取引価格を算定する際には、①変動対価、②契約における重要な金融要素、③現金以外の対価、④顧客に支払われる対価、の4つすべての影響を考慮します（第47項）。

まず、①ですが、顧客と約束した対価のうち変動する可能性のある部分を「変動対価」といいます。変動対価が含まれる取引の具体例としては、値引き、リベート、返金、インセンティブ、業績連動の割増金、ペナルティー等の形態により対価の額が変動しうる場合や、返品権付きの販売等が想定されます（適用指針第23項）。契約において、顧客と約束した対価に変動対価が含まれる場合、財又はサービスの顧客への移転と交換に企業が権利を得ることとなる対価の額を見積もります（第50項）。変動対価の額の見積りにあたっては、発生しうると考えられる対価の額における最も可能性の高い単一の金額（最頻値）による方法、又は発生しうると考えられる対価の額を確率で加重平均した金額（期待値）による方法のいずれかのうち、企業が権利を得ることとなる対価の額をより適切に予測できる方法を用いることになります（第51項）。顧客から受け取った又は受け取る対価の一部あるいは全部を顧客に返金すると見込む場合、受け取った又は受け取る対価の額のうち、企業が権利を得ると見込まない額について、返金負債を認識します。この返金負債の額は、各決算日に見直します（第53項）。

次に、②ですが、顧客との契約に重要な金融要素が含まれる場合、取引価格の算定にあたっては、約束した対価の額に含まれる金利相当分の影響を調整します。収益は、約束した財又はサービスが顧客に移転した時点で（又は移転するにつれて）、当該財又はサービスに対して顧客が支払うと見込まれる現金販売価格を反映する金額で認識します（第57項）。

ここで、重要な金融要素が含まれる場合とは、財又はサービスの移転時期と支払時期とが異なることによって、金利相当分に関する便益が顧客又は企業に提供される場合をいいます。顧客との契約に重要な金融要素が含まれる場合は、収益認識時の金額算定にあたり、金利相当分の影響を割引計算によって調整し、財又はサービスの現金販売価格で収益を認識し、収益認識額と受け取る対価の差額は利息として会計処理を行います。ただし、契約における取引開始日において、約束した財又はサービスを顧客に移転する時点と顧客が支払う時点の間が1年以内であると見込まれる場合には、重要な金融要素の影響について約束した対価の額を調整しないことができる（第58項）という実務上の簡便法も認められています。

③は、顧客から現金以外の対価として、固定資産や株式等の有価証券を受け取る場合も想定されるため、その場合には、対価となった資産の適正な時価に基づいて取引価格を算定することになります。④は、企業が顧客に対して財・サービスを提供し、顧客は企業に対して対価を支払う取引の

中で、企業が顧客に対して対価を支払う（リベート、財・サービスの追加提供、キャッシュ・バック等）ことがあり得ます。その場合には、顧客に支払われる対価は、原則として取引価格（収益の金額）から減額して処理します。

（ステップ4）としては、それぞれの履行義務（あるいは別個の財又はサービス）に対する取引価格の配分は、財又はサービスの顧客への移転と交換に企業が権利を得ると見込む対価の額を描写するように行います（第65項）。その際には、財又はサービスの独立販売価格の比率に基づき、契約において識別したそれぞれの履行義務に取引価格を配分します（第66項）。ここで、独立販売価格とは、財又はサービスを独立して企業が顧客に販売する場合の価格のことです（第9項）。

（ステップ5）では、履行義務が一時点で充足されるのか、それとも一定の期間にわたり充足されるのかを判定することになります。収益の認識時点とパターンについて、**図4**に示します。企業は約束した財又はサービスを顧客に移転することにより履行義務を充足した時に又は充足するにつれて、収益を認識します。資産が移転するのは、顧客が当該資産に対する支配を獲得した時又は獲得するにつれてであると定めています（第35項）。なお、資産に対する支配とは、当該資産の使用を指図し、当該資産からの残りの便益のほとんどすべてを享受する能力（他の企業が資産の使用を指図して、資産から便益を享受することを妨げる能力を含む）をいいます（第37項）。収益認識基準として、「財・サービスに対する支配が移転した時点」を「企業にとって義務を履行した時点」と考え、「顧客が（財・サービスの）支配を獲得した時点」と考えている（第17項）旨は、既に述

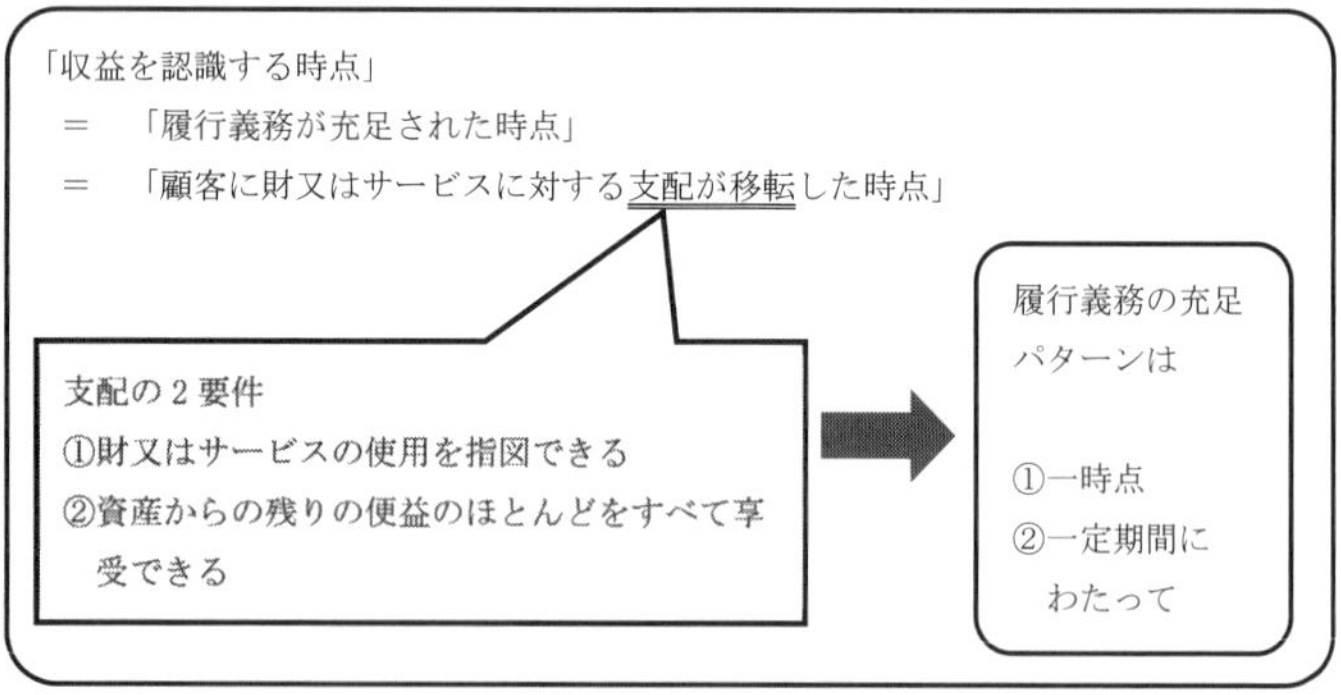
「収益を認識する時点」
＝　「履行義務が充足された時点」
＝　「顧客に財又はサービスに対する支配が移転した時点」
支配の２要件
①財又はサービスの使用を指図できる
②資産からの残りの便益のほとんどをすべて享受できる
履行義務の充足パターンは
①一時点
②一定期間にわたって

図4　収益の認識時点とパターン

べていますが、支配の移転は、①資産（財又はサービス）の使用を指図できる、②資産からの残りの便益のほとんどすべてを享受できる、という2要件で判定します。

「履行義務が一時点で充足」される取引例としては、仕入済みの器具を販売する、建設済みの建物を販売する等が該当するでしょうし、「履行義務が一定の期間にわたり充足」される取引例としては、日々のオフィス清掃契約のように清掃が終了した箇所・階から企業が利用可能になるものや、顧客の土地に一定期間内にビルを建設する契約で、顧客所有の土地に建てられた建物は顧客が支配するようなものが該当します。では、より詳細な規定を確認していきましょう。

一定の期間にわたり充足される履行義務については、次の①から③の要件のいずれかを満たす場合に、資産に対する支配を顧客に一定の期間にわたり移転することにより、一定の期間にわたり履行義務を充足し収益を認識します（第38項）。具体的には、①企業が顧客との契約における義務を履行するにつれて、顧客が便益を享受すること、②企業が顧客との契約における義務を履行することにより、資産が生じる又は資産の価値が増加し、当該資産が生じる又は当該資産の価値が増加するにつれて、顧客が当該資産を支配すること、③次の（ⅰ）（ⅱ）の要件をいずれも満たすこと、（ⅰ）企業が顧客との契約における義務を履行することにより、別の用途に転用することができない資産が生じること、（ⅱ）企業が顧客との契約における義務の履行を完了した部分について、対価を収受する強制力のある権利を有していること、が該当します（第38項）。

一定の期間にわたり充足される履行義務については、履行義務の充足に係る進捗度を見積もり、当該進捗度に基づき収益を一定の期間にわたり認識する（第41項）ことが求められます。履行義務の充足に係る進捗度は、各決算日に見直し、当該進捗度の見積もりを変更する場合は、会計上の見積もりの変更として処理します（第43項）。進捗度の見積もりには、アウトプット法とインプット法があります（適用指針第15項）。

アウトプット法は、現在までに移転した財又はサービスの顧客にとっての価値を直接的に見積もるものであり、現在までに移転した財又はサービスと契約において約束した残りの財又はサービスとの比率に基づき、収益を認識するものです。アウトプット法に使用される指標には、現在までに履行を完了した部分の調査、達成した成果の評価、達成したマイルストーン、経過期間、生産単位数、引渡単位数等があります（適用指針第17項）。これに対して、インプット法は、履行義務の充足に使用されたインプットが契約における取引開始日から履行義務を完全に充足するまでに予想されるインプット合計に占める割合に基づき、収益を認識するものです。インプット法に使用される指標には、消費した資源、発生した労働時間、発生したコスト、経過期間、機械使用時間等があります。企業のインプットが履行期間を通じて均等に費消される場合には、収益を定額で認識することが適切となることがあります（適用指針第20項）。

一時点で充足される履行義務については、一定の期間にわたり充足される履行義務に関する第38項の①から③の要件を満たさず、履行義務が一定の期間にわたり充足されるものではない場合には、一時点で充足される履行義務として、資産に対する支配を顧客に移転することにより当該履行義務が充足される時に、収益を認識する（第39項）と規定されています。資産に対する支配の顧客への移転については、以下の5つの指標をもとに総合的に考慮します。(i)企業が顧客に提供した資産に関する対価を収受する現在の権利を有していること、(ii)顧客が資産に対する法的所有権を有していること、(iii)企業が資産の物理的占有を移転したこと、(iv)顧客が資産の所有に伴う重大なリスクを負い、経済価値を享受していること、(v)顧客が資産を検収したこと、の5つです（第40項）。

これらの5つのステップごとの検討を経て、当期に認識すべき収益と翌期（以降）に認識すべき収益とに区別されます。

4　会計実務への影響

(1) 消費税と割賦販売

前節の新基準の5つのステップ中で、会計実務に影響を与えるものを、本項で改めて抜粋します。まず、(ステップ3)の中で、「取引価格とは、財又はサービスの顧客への移転と交換に企業が権利を得ると見込む対価の額をいいます(ただし、消費税のような、第三者のために回収する額を除きます)(第8項)」と説明しましたが、消費税等の税込方式による会計処理は認められないことになり、売上高は税抜方式に一本化されることになります。

次に、割賦販売における収益認識ですが、従来では、販売基準に代えて、いわゆる割賦基準、すなわち割賦金の回収期限の到来の日又は入金の日をもって収益実現の日とすることも容認されていました(「企業会計原則・注解」(注6)。しかしながら、新基準では、割賦基準は認められないことになります。(ステップ5)において、「履行義務が一定の期間にわたり充足されるものではない場合には、一時点で充足される履行義務として、資産に対する支配を顧客に移転することにより当該履行義務が充足される時に、収益を認識する(第39項)」と規定されていることから、商品引き渡しの時点で顧客に資産の支配が移転しているため、販売基準による収益認識がなされることになります。

企業会計基準適用指針第30号「収益認識に関する会計基準の適用指針」では、「特定の状況又は取引における取扱い」の中で、新基準によって、会計実務に影響を与えうる取引について、本項で取り上げたものについて言及しているため、それらについて次項以降、紹介していきます。

(2) 財又はサービスに対する保証

約束した財又はサービスに対する保証が、当該財又はサービスが合意された仕様に従っているという保証のみである場合、当該保証について、「企業会計原則・注解」(注18)に定める引当金として処理をします(適用指針第34項)。約束した財又はサービスに対する保証又はその一部が、当該財又はサービスが合意された仕様に従っているという保証に加えて、顧客にサービスを提供する保証を含む場合には、保証サービスは履行義務であり、取引価格を財又はサービス及び当該保証サービスに配分します(適用指針第35項)。

これは、たとえばスマートフォンやPCなどに、製造企業が①「初期不良に関する無料修理の1年保証」を最初から付しており、それとは別途に②「無料修理を3年保証に延長するサービス」を販売している場合に、①は適用指針第34項に従って、製品保証引当金等の引当金として処理し、②については、適用指針第35項に従って、履行義務として取引価格を保証延長サービスにも配分する処理を求めています。

(3) 本人と代理人の区分

顧客への財又はサービスの提供に他の当事者が関与している場合において、顧客との契約が当該財又はサービスを企業自ら提供する履行義務であると判断され、企業が本人に該当する時には、当該財又はサービスの提供と交換に企業が権利を得ると見込む対価の総額を収益として認識します(適用指針第39項)。顧客への財又はサービスの提供に他の当事者が関与している場合において、顧客との約束が当該財又はサービスを当該他の当事者によって提供されるように企業が手配する履行義務であると判断され、企業が代理人に該当する時には、他の当事者により提供されるように手配することと交換に企業が権利を得ると見込む報酬又は手数料の金額(あるいは他の当事者が提供する財又はサービスと交換に受け取る額から、当該他の当事者に支払う額を控除した純額)を収益として認識します(適用指針第40項)。

これらの規定は、企業が認識すべき収益額を決定するうえで、顧客への財又はサービスの提供において果たす企業の役割(本人か代理人か)を判断することを求めています。[5]企業が本人に該当する場合には、対価の総額を収益として認識し、企業が代理人に該当する場合には、対価の純額又は手数料収入額を収益として認識することになります。これによって、たとえば、商社はこれまで取扱高を損益計算書における売上高として扱ってきましたが、総額表示ではなく純額表示に変更する影響が出てくると考えられます。また、百貨店では、商品が売れた時点で、その商品をメーカー等から仕入れたとする処理を行う(仕入と同時に販売が生じたと考える)「消化仕入契約」というものを結んでいます。これまでは販売額を売上高として扱ってきましたが、新基準では、消化仕入契約では、百貨店への支配移転は一時的なものであり、在庫リスクはメーカー側が追うことから、販売額と仕入額の差額のみを百貨店側の収益（たとえば、手数料収入）として処理することが求められます。このように、小売業・卸売業の企業の売上高の金額は、大きな影響を受けそうです。

(4) 追加の財又はサービスを取得するオプションの付与

顧客との契約において、既存の契約に加えて追加の財又はサービスを取得するオプションを顧客に付与する場合には、当該オプションが当該契約を締結しなければ顧客が受け取れない重要な権利[6]を顧客に提供する時にのみ、当該オプションから履行義務が生じるとします。この場合には、将来の財又はサービスが移転する時、あるいは当該オプションが消滅する時に収益を認識します（適用指針第48項）。

これは、無料配布クーポンや来店ポイントといったものではなく、財又はサービスを購入する契約を結んだ際に付与されるポイントやマイレージについて定めた規定です。これまでの実務では、ポイント引当金として引当金処理をされることが主でしたが、新基準ではポイント部分は別個の履行義務として識別し、契約負債として認識することとなります（販売代金のうち、ポイントに相当する金額を契約負債としたうえで、残額を売上高として処理します）。提供したポイントを契約負債として認識したものの、顧客がオプションを行使しなかった（ポイントを使わなかった）場合には、負債の消滅を認識するとともに、収益を認識します（適用指針第52項）。

（5）ライセンスの供与

ライセンスは、企業の知的財産に対する顧客の権利を定めるものです。ライセンスを供与する約束が、顧客との契約における他の財又はサービスを移転する約束と別個のものでない場合には、ライセンスを供与する約束と当該他の財又はサービスを移転する約束の両方を一括して単一の履行義務として処理し、企業会計基準第35項から第40項の定めに従って、一定の期間にわたり充足される履行義務であるか、又は一時点で充足される履行義務であるかを判定します（適用指針第61項）。

これは、特許権（技術）、商標権・著作権（イラスト・動画・音楽）、ソフトウェア、フランチャイズ契約、データベース利用契約等に関するものをライセンスと呼び、規定したものです。ライセンスの供与が他の約束と別個のものではない場合には、一括した履行義務として収益認識のステップ5の手続きに沿って処理されることになりますが、ライセンス契約が独立した別個の履行義務である場合には、ライセンスを供与する約束が、①ライセンス期間にわたり企業の知的財産にアクセスする権利の性質である場合には、一定期間にわたり充足される履行義務として処理をし、②ライセンスが供与される時点で企業の知的財産を使用する権利の性質である場合には、一時点で充足される履行義務として処理します（適用指針第62項）。

5　おわりに

本章では、新たに公表された「収益認識に関する会計基準」の概要を確認するとともに、企業の会計実務に生じるうる影響についても概説しました。収益認識は5つのステップに沿って認識の手続きが進められることになり、「取引価格」や「履行義務の充足」等は、これまでのルールとは大きく異なるものであることに注意が必要といえます。

また、新基準の結果、計上される売上高に関して、消費税、割賦販売、修理保証、本人と代理人の区分、付与するポイントやマイレージ、ライセンス供与等の取引は、取り扱い上で大きな変更があり、少なからぬ業種・企業で、従来の会計処理を変更する必要性に迫られる影響が出てくることになりそうです。新基準は、２０２１年４月に開始する会計年度から強制適用となりますので、十分に備えを行う必要があるといえるでしょう。

注

[1] 実現主義では、企業の生産する財貨又は役務が外部に販売されたという事実に基づいて収益を認識すると考えるもので、いわゆる販売基準によって収益を計上すべきだという立場に相当します。販売基準によった際の収益の発生の時点は、①企業外部の第三者に対して財又は用役を提供したこと、②その対価として現金又は現金同等物を受領したこと、の2つを満たした時になります。

[2] 新基準は、２０１８年４月から開始する事業年度より、早期適用することを認めています。

[3] 金融商品取引法第2条第7項以降の定めにより、「有価証券届出書」の作成が義務付けられています。

[4] 資本金が5億円以上、もしくは負債が２００億円以上の株式会社を「大会社」と定め（会社法第2条6号）、非公開会社であっても会計監査人の設置を義務付けられています（会社法３２８号）。会計監査人設置会社については、任意で連結財務諸表を作

成することも認めており（会社法444号第1項）、「大会社」は社会に与える影響が大きく責任も大きいため、（会社法ではなく）金融商品取引法が求める水準での企業会計を実践する企業も存在しえます。

[5] 本人か代理人かの判定は、企業がその財・サービスを支配しているか否かによって判断され、その際には、①約束の履行に対する主たる責任、②在庫リスク、③価格設定の裁量権などによって判定されることとなります（適用指針第47項）。

[6] 重要な権利とは、当該オプションを得たことにより、顧客が属する地域や市場における通常の値引き範囲を超える値引きを顧客に提供する場合などに相当します（適用指針第48項）。

参考文献

秋葉賢一（2019a）「収益認識基準と企業経営への影響（上）」『会計・監査ジャーナル』第31巻第1号、44―48頁。

秋葉賢一（2019b）「収益認識基準と企業経営への影響（下）」『会計・監査ジャーナル』第31巻第2号、71―75頁。

あずさ監査法人編（2019）『収益認識基準のしくみ』中央経済社。

企業会計基準委員会（2018）『企業会計基準第29号　収益認識に関する会計基準』。

企業会計基準委員会（2018）『企業会計基準適用指針第30号　収益認識に関する会計基準の適用指針』。

小賀坂敦・川西昌博（2018）「企業会計基準第29号『収益認識に関する会計基準』等の概要」『会計・監査ジャーナル』第30巻第6号、52―59頁。

島田謡子・岡部健介（2018）「企業会計基準第29号『収益認識に関する会計基準』等の概要」『企業会計』第70巻第7号、80―91頁。

万代勝信（2013）「わが国への収益認識基準の導入に向けて」『會計』第184巻第3号、275―288頁。

万代勝信（2015）「収益認識プロジェクトの展開」『會計』第188巻第3号、267―280頁。

4章

平成の中小企業施策における金融支援と中小企業金融

追手門学院大学経営学部准教授　岡崎　利美

1　はじめに

１９８９年1月から２０１９年5月まで、平成は30年間続きました。ＩＴ技術の目覚ましい進歩と日常生活への浸透、グローバル化の進展等、この期間の経済や社会を大きく変化させたものは、数多くあります。しかし平成の日本経済を特徴づけることばは、やはり「バブル崩壊」と「平成不況」でしょう。世界の潮流と軌を一にしながらも、日本経済はバブル経済、あるいはもっと根深い戦後システムの重い負の遺産にあえぎ、成長できない時期を過ごしました。２０１８年現在、名目ＧＤＰは辛うじて世界3位を維持していますが、一人当たりのＧＤＰでは3・9万ドルで26位、1位ルクセンブルクの11・6万ドルの3分の1に過ぎません。１９８９年には一人当たりＧＤＰでも世界4位で、1位スイスより2割弱、少ないだけでした。[1]平成の間に、日本は経済大国からふつうの先進国へと変わってしまったといえるでしょう。

バブル崩壊は、日本の金融システムに壊滅的な一撃を与えました。「破綻」は、平成の金融システムを象徴することばです。バブル絶頂期には世界最強といわれた日本の金融システムが、わずか数年後に崩壊寸前となったのです。「主要21行はつぶさない」と当時の大蔵省が強く国際公約していたにもかかわらず、1997年11月に北海道拓殖銀行や山一証券があえなく破綻すると、日本の金融システムに対する信認は一気に損なわれ、金融危機へと発展しました。この時期の金融危機を、リーマンショック後の世界的金融危機と区別するために、「日本の金融危機」と呼ぶことにします。

では、平成の中小企業金融を象徴することばは何でしょうか。ひとびとの記憶に最も残っていることばは、おそらく「貸し渋り」と「貸し剥がし」でしょう。1998年に「貸し渋り」が、2002年に「貸し剥がし」が、それぞれ新語・流行語大賞のトップテンに選ばれています。日本の金融危機の最中、銀行によっておこなわれた苛烈な貸し渋りや貸し剥がしは、単なる企業金融の問題にとどまらず、社会に強い不安や緊張をあたえ、社会問題となったのです。もちろん政府は、それを傍観していたわけではなく、色々な施策を打ち出しましたが、あまり効果的ではありませんでした。[2]

その苦い経験は、かなりの程度、2008年のリーマンショックの際の対応に活かされたといえるでしょう。速やかに手厚い中小企業金融支援が実施され、その後、世界的金融危機や東日本大震災等、経済に深刻な影響を及ぼす出来事が続いたにもかかわらず、貸し渋りや貸し剥がしが大きな問題となることはありませんでした。ただし、手厚すぎる支援に問題がなかったわけではありません。

平成の中小企業施策における金融サポートのなかから、リーマンショック後に打ち出され、資金繰りの改善には効果のあった中小企業金融支援と、経営者保証に関するガイドラインを取り上げたいと思います。

2　中小企業の資金調達をめぐる環境

まず、平成の期間の中小企業の資金繰りからみていきましょう。**図1**は、中小企業と大企業の資金繰りＤＩの推移を表しています。資金繰りＤＩとは、最近の資金繰りについて「楽である」と答えた企業の割合から「苦しい」と答えた企業の割合を引いたもので、企業の主観的な判断を示しています。

中小企業の資金繰りＤＩが０％ポイントを上回ったのは、１９９１年以前と２０１３年以降で、平成の多くの時期では資金繰りが「苦しい」と答えた企業の数が「楽である」と答えた企業を上回っています。とりわけ日本の金融危機の１９９８年とリーマンショック後の時期は多くの中小企業にとって厳しい状況であったことがわかります。

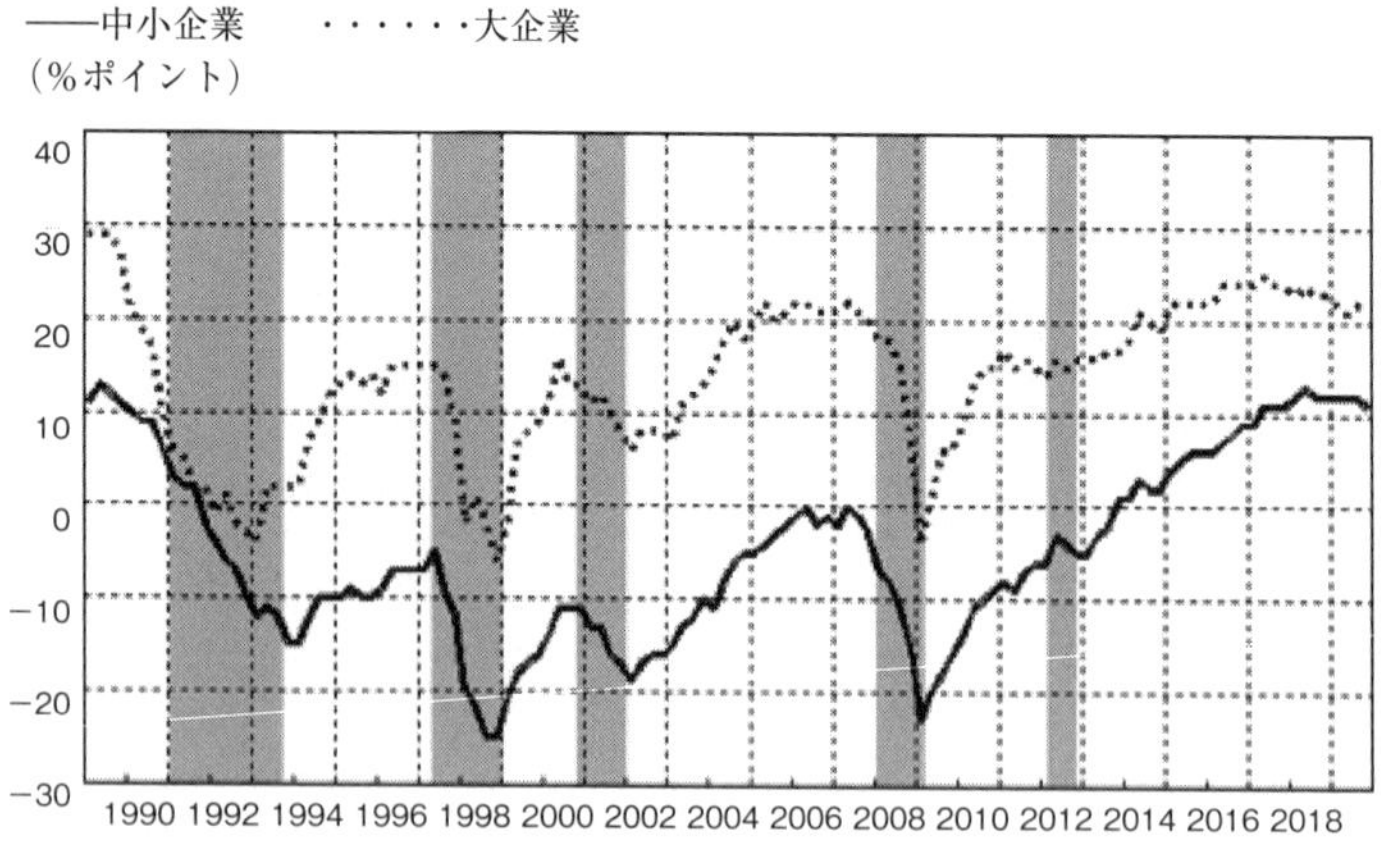

図1　中小企業及び大企業の資金繰りDI（全産業）

注1）大企業とは資本金10億円以上の企業、中小企業とは資本金2千万円以上1億円未満の企業をいう。

注2）資金繰りDIは、最近の資金繰りについて「楽である」と答えた企業の割合から「苦しい」と答えた企業の割合を引いたもの。

注3）グラフのシャドー部分は、内閣府の景気基準日に基づく景気後退期を示している。

出所）日本銀行「時系列統計データ検索サイト」にて筆者作成

一方、大企業の資金繰りＤＩ値がマイナスとなるのは、景気後退期のなかでも特に厳しい不況となった、バブル崩壊直後、金融システム危機の時期、リーマンショック後の短い期間だけです。資金繰りに関して、中小企業と大企業の間には大きな格差があるといえるでしょう。

ところで２００９年以降、資金繰りＤＩ値はほぼ右肩上がりに上昇し、２０１３年からは中小企業でもプラスの値をとっています。最近、貸し渋りや貸し剥がしということばをすっかり耳にしなくなったのは、当然だといえるでしょう。

次に、企業に対する金融機関の貸付態度についてみてみましょう。**図２**は、金融機関の貸出態度ＤＩのグラフです。金

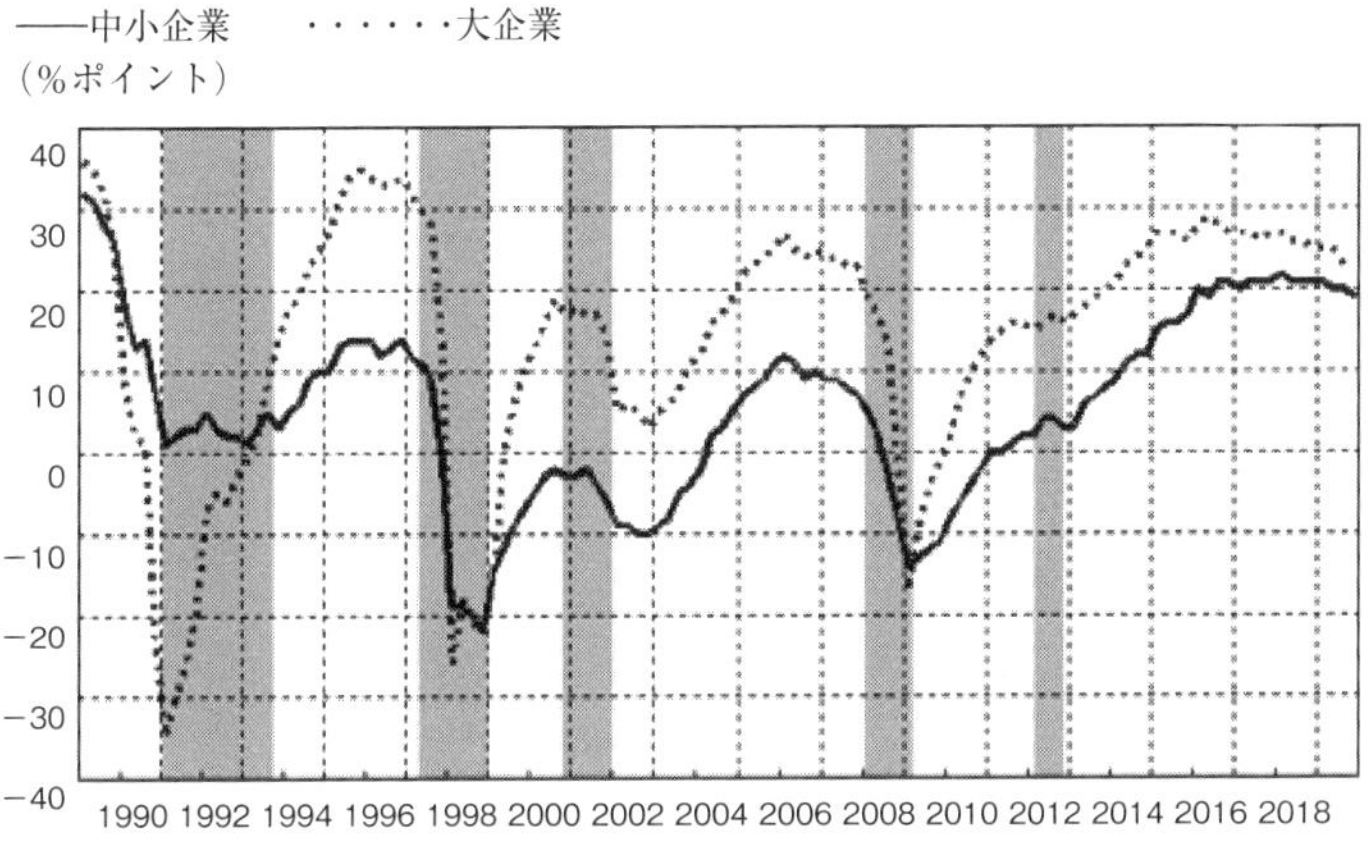

図2　中小企業及び大企業の金融機関の貸出態度DI（全産業）

注1）大企業とは資本金10億円以上の企業、中小企業とは資本金2千万円以上1億円未満の企業をいう。

注2）金融機関の貸出態度DIは、最近の金融機関の貸出態度について「緩い」と答えた企業の割合から「厳しい」と答えた企業の割合を引いたもの。

注3）グラフのシャドー部分は、内閣府の景気基準日に基づく景気後退期を示している。

出所）日本銀行「全国企業短期経済観測調査」より筆者作成

融機関の貸出態度ＤＩは、金融機関の貸出態度について「緩い」と答えた企業の割合から「厳しい」と答えた企業の割合を引いたもので、企業が金融機関から借入れしやすいと感じているか、難しいと感じているかを示しています。

　貸し渋りが新語・流行語大賞のトップテンに選出された１９９８年に、金融機関の貸出態度が「厳しい」と回答した企業が、「緩い」と回答した企業を大幅に上回り、ＤＩ値はマイナス20％ポイントに達します。貸し渋りを実感した企業が多かったということでしょう。リーマンショック後の２００９年にも、ＤＩ値はマイナス10％ポイントにまで落ち込みます。

　しかしながら、資金繰りＤＩと異なり、中小企業の金融機関の貸出態度ＤＩは、平成を通して、プラスの値をとっている期間の方が長く、1998年、1999年を除くと、マイナスの値も資金繰りDIほど大きくはありません。また、大企業と中小企業との格差も、資金繰りDIほど開いていません。

貸し渋りや貸し剥がしということばのインパクトが強かったため、金融機関が企業、とりわけ中小企業の資金繰りを悪化させた元凶のような印象がありますが、グラフをみる限り、金融機関が中小企業に対して長期にわたり厳しい貸し渋りを続けていたわけでもなく、貸し渋りの時期でも、銀行が中小企業にだけ特に厳しい態度を示していたわけではなかったようにみえます。

3　2度の金融危機と中小企業金融支援

平成の間に、2度の金融危機が発生しました。1997年に始まる日本の金融危機と、2008年のリーマンブラザーズ破綻に端を発する世界的金融危機です。どちらの金融危機も急激な景気の悪化をもたらし、企業の資金繰りを悪化させました。しかし2つの金融危機には、大きな違いがあります。

日本の金融危機の時期には、ことばどおり、日本の金融システムは機能停止寸前の、危機的状況でした。日本のほとんどの金融機関が膨大な不良債権を抱え、経営状態が悪化しており、そのうち弱い金融機関から順に破綻していきました。金融機関が取引先企業の経営を支援できるようになる前に、経営再建の時間と巨額の公的資金の注入が必要でした。

それに対して、世界的金融危機の際には、日本の金融機関は再建を終え、健全な経営状態を回復していました。世界的金融危機は、アメリカで大量に発行されたサブプライム住宅ローン等の証券化商品の価格が暴落し、それらを保有する金融機関に巨額の損失をもたらしたことが直接的な原因です。世界中にむけて質の悪い証券化商品が活発に発行されたのは、日本で不良債権処理と金融再編がようやく終盤を迎えようとしていた時期でした。欧米の名だたる金融機関がサブプライム関連の損失に苦しむなか、日本の金融機関は、海外で衆目を集める画期的な金融商品に投資する余裕がなかったことが幸いし、ほぼ無傷で切り抜けます。10年前と異なり、2度目の金融危機のときには、金融機関は企業を支援できる状態にありました。

もう1つの違いは、世界的金融危機は2度目の経験だったということです。最初の金融危機は、日本にとって初めてのことばかりでした。バブル崩壊は戦後の日本が経験したことのない急激な経済収縮で、地価の暴落も、複数年にわたるマイナス成長も、銀行の破綻も戦後初めてのことでした。おそらくこれほど長期にわたり不況に苦しむことになるとは、当時は誰も想像していなかったでしょう。結果的に多くの対応は後手に回り、事態が悪化してから、関係省庁が総出で、それぞれの権限で可能な範囲で、さまざまな対策や支援制度が場当たり的につくられていきました。

一方、世界的金融危機の際には、企業を支援するための組織や支援制度が、すでに多数存在していました。また、経済収縮に関する知識やノウハウも蓄積されていました。金融機関の体力が回復していたことと相まって、2度目の金融危機では、中小企業に対して、速やかに手厚い施策が講じられました。中小企業金融支援において2つの柱となったのが、緊急保証制度と中小企業金融円滑化法（中小企業者等に対する金融の円滑化を図るための臨時措置に関する法律）です。次の節で詳しくみていきましょう。

4　3つの中小企業金融支援策

２００８年のリーマンショックを契機とした世界的な金融危機による景気後退を緩和するために、中小企業金融支援策として、２００８年に緊急保証制度が実施され、翌２００９年12月には中小企業金融円滑化法が実施されました。急激な景気悪化に対する時限的な措置として導入され、緊急保証制度は２０１１年3月末に終了し、中小企業金融円滑化法も当初は２０１１年3月末を期限終了とする時限立法として成立しました。

（1）緊急保証制度

信用保証制度は、政府系金融機関による融資とともに、中小企業施策における金融支援の柱となっています。中小企業の信用力を補うため、信用保証協会が、中小企業の融資に対して保証を行い、返済が滞った際には、代位弁済、すなわち、代わりに金融機関へ債務の支払いを実施します。信用

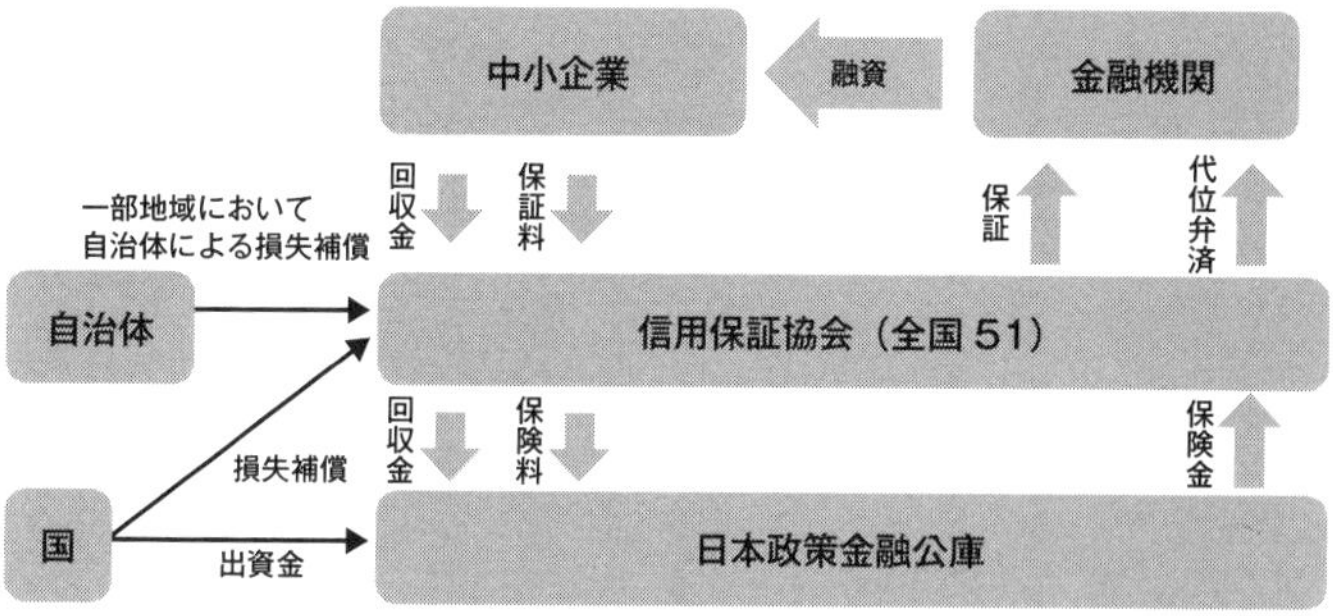

図3　信用保証制度の仕組み
出所）信用保証協会連合HPより引用

保証協会から金融機関へ返済がされた後は、中小企業は自動的に債務免除になるわけではなく、実情に即して、信用保証協会へ返済することとなります（図3参照）。

通常の信用保証は「一般保証」といわれ、原則として融資額の80％が保証され、残り20％は貸し手である金融機関がリスクを負担します。例外として、自然災害時や構造不況業種を対象としたセーフティネット保証や特別保証等は、一般保証とは別枠で融資額の原則100％を保証する保証制度が設けられます。

緊急保証制度は、セーフティネット保証を大幅に拡充して、創設されました。当初は、原油・原材料価格の高騰やリーマンショックの影響を強く受けて、売上高が減少している中小企業等が対象で、民間金融機関から融資を受ける際に、信用保証協会からの保証を、一般保証とは別枠で、100％保証で受けることを可能としたものです。そのため、「原材料価格高騰対応等緊急保証制度」という名称で、545業種を指定業種とし、保証枠は6兆円でした[3]。

その後、リーマンショックが世界的な金融不安に拡大したことに伴い、２００９年4月、「緊急保証制度」に名称変更し、保証枠を30兆円とする等の拡充が図られました。1年後の２０１０年3月末に緊急保証制度は期限を迎えましたが、再度、「景気対応緊急保証制度」と名称変更され、原則全1，１１８業種の中小企業を対象とするとともに、保証枠も36兆円まで拡充されました。一連の緊急保証制度は、結局、２００８年10月末から２０１１年3月末まで続いたことになります。

なお、制度終了間際の２０１１年3月11日に東日本大震災が発生しましたが、大震災の影響を受けた中小企業については、「東日本大震災復興緊急保証制度」が創設され、別枠での保証が可能となっています。

緊急保証制度は、厳しい状況に置かれている中小企業の資金繰りを改善し、倒産の抑制に大きな効果があったともいわれる一方で、問題点も指摘されています。

1つ目は金融機関や借り手である中小企業の規律の問題です。緊急保証制度では１００％保証のため、金融機関は貸し倒れで損失が発生するリスクを負いません。そのため融資の際にコストをかけて慎重に審査したり、モニタリングをして確実に回収したりすることを重要視しないおそれがあります。

一方、金融機関の安易な融資によって、中小企業は通常より容易に資金調達できるため、真摯に経営立て直しに取り組む必要性を感じにくくなります。緊急保証制度によって一時的に資金繰りが改善しても、外部からの規律が弱まることによって、再建が却って難しくなる可能性があるでしょう。

もう1つの問題は、信用保証制度の財政の悪化の問題です。安易に融資された結果、債務不履行が増えると、信用保証協会の代位弁済が増加し、代位弁済後に企業から回収できる率も低くなって、信用保証収支が悪化します。ただしその損失のすべてを、その信用保証協会が負担するわけではありません。図3のとおり信用保証制度の安定性を維持するため、各地の信用保証協会は、保証を承諾すると、国が出資する日本政策金融公庫に再保険をかける仕組みになっています。信用保証協会は、金融機関に代位弁済すると、日本政策金融公庫から支払額の70~90%を保険金として受け取ることができます。

信用保証制度は、原則として、企業が信用保証協会へ支払う保証料や、信用保証協会が日本政策金融公庫へ支払う保険料によって維持されていますが、収支が悪化すると、国や地方自治体が損失補填する仕組みになっています。つまり緊急保証制度の濫用は、国民負担の増加につながっているのです。

(2) 中小企業金融円滑化法

中小企業金融円滑化法は、リーマンショックによる景気悪化を受け、中小企業の資金繰りを下支えすることを目的に、2009年12月に施行されました。主な内容は、中小企業等から返済猶予や金利減免等の貸付条件の変更等の申し込みがあった場合には、金融機関はできる限りこれに応じるよう努めることを義務づけたものです。

当初は２０１１年３月末までの16ヶ月間で終了する予定でしたが、２度の延長を経て、２０１３年３月末まで続きました。貸付条件変更の申し込みに対する承諾の判断は金融機関に委ねられてはいましたが、金融庁が金融機関に実行件数の報告義務を課したことから、申込件数に対する変更の実施件数は約95％にのぼり、ほぼ無条件で要請に応じる結果となりました。

２０１３年３月に中小企業金融円滑化法が終了した後も、金融庁は貸付条件の変更実施状況の報告を金融機関に要請していました。報告は２０１９年３月まで続きます。法的根拠を失ったにもかかわらず、終了後の申し込みは５００万件を超え、中小企業者向けの実行率は97％となりました。一時的な環境悪化に対応するための短期間に限定した特例措置を、実質的に９年４ヶ月も続けたことになります。

中小企業庁の調査によると、条件変更をおこなった中小企業の85％が「非常に効果があった」、「やや効果があった」と回答しています。また、同法がなかった場合の影響について、直近決算が赤字の企業の約３割が「倒産・廃業」と回答しています[4]。中小企業金融円滑化法による貸付条件の変更は、中小企業には好評だったことがわかります。

ただし客観的な評価は異なるかもしれません。第一に実行率が95％ということは、再建の見込みのない企業や、リーマンショックとは無関係に経営が悪化した企業も、少なからず救済してしまったことを意味します。もちろんそれで経営状態が回復すればよいのですが、破綻を先延ばししただけならば、その延びた期間に累積赤字が増加し、資産内容がさらに劣化することになり、金融機関にとっても企業にとっても、傷が小さいうちに破綻処理をしておけばよかったということになります。

中小企業金融円滑化法を利用した企業の経営再建が思うように進まないことに加えて、2013年3月末の同法終了後の倒産件数の増加が懸念されたことから、実質的な同法適用の延長と同時に、政府はさまざまな対策を講じました。

2012年4月に、内閣府・金融庁・中小企業庁によって「中小企業の経営支援のための政策パッケージ」（以下、「政策パッケージ」という）が取りまとめられ、同年6月に中小企業の経営力強化を目的とした「中小企業経営力強化支援法」が成立し、8月に施行されました。

政策パッケージでは、①金融機関によるコンサルティング機能の一層の発揮、②企業再生支援機構及び中小企業再生支援協議会の機能及び連携の強化、③その他経営改善・事業再生支援の環境整備を、強力に進める取り組みとして挙げています。3つの省庁の連名で発表されているのは、すでに存在する組織や制度を連携させ、活用することに主眼がおかれているからです。

自助努力による経営改善や抜本的な事業再生・業種転換・事業承継による経営改善が見込まれる中小企業への対応は金融機関が、財務内容の毀損度合いが大きく、債権者間調整を要する中小企業への支援は、企業再生支援機構と中小企業再生支援協議会が対応する等、役割分担を明確にし、かつ関係する機関が連携することで、複層的な安全網の構築を図りました。

一方、中小企業経営力強化支援法は、支援事業の担い手の多様化・活性化を柱の1つとしています。既存の中小企業支援者に加え、金融機関、税理士等を「経営革新等支援機関」に認定し、それらが専門性の高い支援事業をおこなうことで、中小企業の経営力の強化を図ろうとしています。その際、中小企業基盤整備機構からは専門家派遣等というかたちでの協力や、信用保証協会からは保証による資金調達支援が利用できるようにしています。また費用面での支援もあり、２０１２年度補正予算では４０５億円の手厚い財源が手当てされました。

さらに２０１２年10月には、中小企業庁と金融庁が地域金融機関や政府系金融機関とともに、経営不振に陥っている中小零細企業向けに、信用保証協会を窓口とし、支援要請を受けて個別に「経営サポート会議」を開き、事業再生を支援する組織を整備しました。

いずれも期待したほどの支援実績は出ておらず、運用上の課題があることが推測できますが、制度としては充実した中小企業支援体制が整ったといえるでしょう。

(3) 経営者保証に関するガイドライン

ここまでは、緊急時の中小企業支援策でした。次に平常時の金融に関する中小企業施策のなかで注目すべきものとして、「経営者保証に関するガイドライン」を取り上げます。

中小企業は金融機関からの借入れの際に、経営者保証を提供することが慣行となっています。中小企業庁の調査によると、現在金融機関からの借入れのある企業のうち、76・３％が代表者等の保

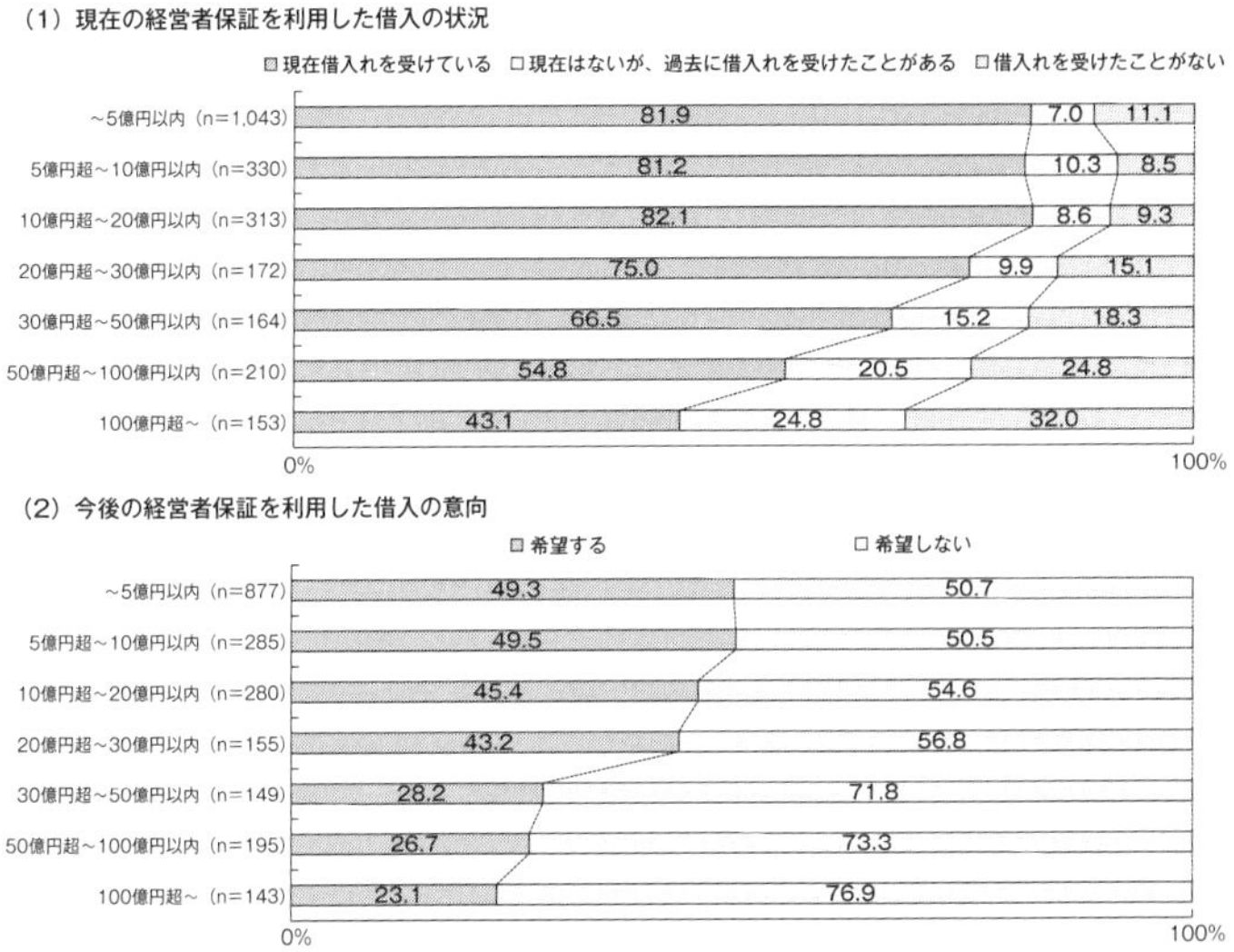

資料：中小企業庁委託「中小企業の資金調達に関する調査」（2015年12月、みずほ総合研究所（株））
（注）1．金融機関から借入れのある企業のみを集計している。
2．中小企業基本法上の定義による中小企業に加え、大企業も含めて集計している。

図4　売上規模別にみた経営者保証の動向

出所）中小企業庁『中小企業白書2016年版』327ページより引用

証をつけていると回答しています。しかしながら、今後も代表者等の保証をつけた融資を希望しているという回答は、43・9％に過ぎません[5]。

企業の売上規模別に経営者保証を提供している企業の割合をみた調査結果では、売上が20億円以内の企業の80％超が経営者保証を提供しています。売上が増加するにつれてその割合は低下しますが、50億円超から100億円以内の企業で54・8％、売上100億円超になるとようやく50％を下回ります（図4参照）。

経営者保証には、経営への規律づけや信用補完として資金調達の円滑化に寄与する面がある一方、企経営者にとっては大きな負担に感じられることでしょう。経営者による思い切った事業展開や、経営が窮地に陥った場合における早期の事業再生を妨げる要因となっている等、企業の活力を阻害する面があることが指摘されます。

そのため、２０１３年12月に日本商工会議所と全国銀行協会が策定主体である「経営者保証に関するガイドライン」（以下、「ガイドライン」という）が公表され、２０１４年2月から運用が開始されました。融資の際に経営者保証が不要な条件を明らかにするとともに、早期に事業再生や廃業を決断した経営者に一定の生活費を残し、自宅に住み続けられる可能性を示したものです。ガイドラインに法的な拘束力はありませんが、「中小企業、経営者、金融機関共通の自主的なルール」と位置づけられ、それら関係者が自発的に尊重し、遵守することが期待されています。

健全な経営をおこなっている会社の経営者に過度の責任を押しつけないことや、会社経営の失敗の責任を、経営者やその家族の生活や人生を破滅させるほど重いものにしないことは、活気ある経済には必要なことです。企業が市場で競争することによって、新陳代謝が起こり、経済が活性化します。競争に負けた企業が淘汰され、市場から退出することは、経済全体のためには必要なことなので、原則として、競争に負けた企業は救済されません。その代わりに社会は、会社の債務に対する株主の有限責任を認めてきました。市場から淘汰される会社に関わっても、個人が負担しなければならない経営失敗の損失を限定してきたのです。

ところが経営者保証は、実質的に経営者に無限責任を負わせるものです。それほど大きなリスクを負う覚悟がなければ経営者になれないという状態は、経営者にとって過酷というだけでなく、企業に有能な人材や資金が集まりにくくなり、社会にとっても望ましいことではありません。経営者保証の見直しが始まったことは、よい傾向だといえるでしょう。

金融庁でも、担保・保証に過度に依存しない融資の促進の取組みの1つとして、ガイドラインが融資慣行として浸透・定着するよう、金融機関に対してガイドラインの活用を促しています。

ガイドラインの活用実績は、民間企業に関しては金融庁から、政府系金融機関と信用保証協会に関しては中小企業庁から、それぞれ公表されています。新規融資に占める経営者保証に依存しない融資の割合[6]は、民間金融機関では2015年4～9月の実績は12％、2019年4～9月は21・4％です。政府系金融機関、すなわち商工組合中央金庫と日本政策金融公庫における割合は、2014年度で19％、2019年4～9月は40％です。政府系金融機関では、無担保で融資した割合は、金額では新規融資の55％を占めています。民間金融機関ではようやく2割を超えたばかりですが、徐々に増加しています[7]。

ガイドラインの活用への取組みは金融機関によって温度差があり、経営トップがむやみに経営者保証を求めない方針を定め、経営者保証が必要かどうかの判断が営業の現場で容易にできるよう、具体的かつ明確な基準を定めている金融機関では、活用実績が高くなっています[8]。経営者保証をつけずに債権回収不能になったときに、現場の担当者に責任を押しつけられないという確信ができなければ、前例と違うことはなかなかできないということでしょう。

金融庁はさらに、ガイドラインの活用状況について、地域銀行12行から個別の取引データ等を受け取ったうえで、銀行との対話を行って実態調査をし、2018年6月に「『経営者保証に関するガイドライン』等の実態調査結果」を公表しています。そのなかで、経営者保証を求める割合が高い銀行は、物的担保の割合も高い傾向にあることを示し、「これは、金融機関が一般的に保全の観点から物的担保と経営者保証を最適に組み合わせているわけではなく、各金融機関の融資姿勢が担保・保証に依存しているかどうかに関係していることによると考えられる」と指摘しています。

物的担保と経営者保証の両方を求める理由は、不動産等の物的担保が保全、すなわち会社が返済できなくなったときの債権回収手段であるのに対して、経営者保証は規律付けを担保するためだといわれます。[9] 経営者への心理的な圧力は、モラルハザードを防止する効果があるものの、その一方で、成長や発展のためのリスクをとることを妨げたり、経営者保証も引き継ぐことから事業承継を困難にしたりする弊害があることも指摘されています。現在は、弊害の方が大きくなっており、それが運用方法の見直しにつながっているといえるでしょう。

保証や担保と関連して、金利設定にも改善の余地があります。金融市場では、〝高リスク高リターン〟が成立します。ですから金融機関が、リスクの高い借り手には高い金利を要求し、リスクの低い借り手には低い金利を提示することが、金融市場のルールにのっとった行動です。担保の提供や経営者保証は債権回収の確実性を高め、借り手企業のリスクを低くするので、金利を低くする効果があります。

現在の金利設定の問題点は、借り手に選択肢がほとんどないことです。銀行や地域金融機関からは、担保や経営者保証をつけて低い金利で借りられるか、借りられないかの2択で、担保や保証がない代わりに金利は高めという選択肢が提示されることはほとんどありません。日本には中程度の金利で融資をおこなう金融機関が少なく、低い金利で借りられなければ、法定金利の上限に近い高金利の事業者ローンに頼らざるを得ないことが少なくありません。

その背景には、銀行が企業に対して強い影響力をもっていた時期が長かったため、立場の弱い中小企業に対して高い金利を要求することは横暴な行為とみなされ、日本の社会や銀行に心理的な抵抗があるのかもしれません。しかし銀行の経営破綻が珍しくなくなった現在、銀行がリスクに応じた金利を設定して適切な利益を確保することは、銀行のためだけではなく、預金者の利益を守り、金融システムの安定を維持するために不可欠です。

またリスクが高くなると全く借りられなくなるよりは、多少利息を多く支払っても必要な資金を借りられる方が、借り手企業にとっても選択肢が増えて好ましいでしょう。銀行だけではなく、社会全体が認識を改めるべき時期になっているのでしょう。

5　おわりに

中小企業金融円滑化法も緊急保証制度も、非常事態に対応するために設けられた、特別な措置でした。初動の遅れで事態を悪化させないように、迅速で思い切った支援が可能になっています。初期の支援は迅速かつ大胆にすべしということは、日本の金融危機での対応の失敗から学んだ教訓の1つでした。しかしそうすると、必要なところに必要な支援が行き渡るかわりに、必要ないところにまで支援が及ぶことを避けられません。その弊害を小さくとどめるため、当初は時限措置となっていました。ところが実質的に支援は延長され、景気回復後もしばらく続きました。支援の内容に劣らず気になるのが、その長さです。

2008年のアメリカ発のリーマンショックの翌年にギリシャで債務危機が顕在化し、その後、欧州債務危機へと混乱は拡大していきます。そして2011年には東日本大震災に襲われます。つまりリーマンショック後、ずっと非常事態が継続していたという見方はできるでしょう。しかし「緊急」や「特別」というには、あまりにも長いのではないでしょうか。

平成を振り返ると、マイナス成長やデフレが定着し、大規模な自然災害も毎年のように起こりました。そして残念ながら、それらは平成で終わりではなく、令和になっても続くことでしょう。昭和には例外的で一時的だった好ましくない状況が、現在ではふつうのこととなってしまった以上、短期間で窮地を脱することができた昭和の感覚で、好景気になるまで手厚い支援を打ち切ることができず、長期間続けてしまうことに強い懸念を感じます。また、非常時だからと、大規模な支出を続けられるような財政状態でもありません。中小企業金融支援に関しても、もはや経済大国ではない日本にふさわしい、スリムで低コストに重点をおいた効率的な施策を検討することが必要なのではないでしょうか。

注

[1] 1989年の一人当たりGDPは、スイスが30,545・68ドル、日本は24,830・99でした（IMF『World Economic Outlook Databases』）。

[2] 1998年10月から2001年3月までの間に実施された「金融安定化特別保証」でも、中小企業の金融機関からの借入れに対して100％保証がつきました。このとき100％保証つきで調達した資金は、保証なしでの借入れの返済に充てられたため、資金繰りの改善につながりにくかったといわれます。

[3] その後、2008年度第二次補正予算を受け、信用枠は20兆円に拡大されました。

[4] 『中小企業白書2011』141ページ参照。

[5] 『中小企業白書2016』323ページ、第2－5－49図参照。

[6] 新規融資に占める経営者保証に依存しない融資の割合は「(新規に無担保で融資した件数＋経営者保証の代替的な融資手法を活用した件数)÷新規融資件数」によって算出されます。

[7] 金融庁HPおよび中小企業庁HP参照。

[8] 金融庁（2018）「「経営者保証に関するガイドライン」等の実態調査結果」

[9] 民間金融機関が経営者保証を求めるもう1つの理由として、信用保証つき融資について、運用上、信用保証協会から経営者保証をつけることを要求されていたことが挙げられます。2018年4月に経営者保証を求める基準が見直された結果、2018年4月から2019年9月には、信用保証協会が信用保証を承諾した件数のうち、経営者保証がない割合は25％となっています。

参考文献

家森信善編著（2018）『地域創生のための地域金融機関の役割』、中央経済社。

内田衡純（2010）「緊急保証制度とかつての特別保証制度の違い」、『立法と調査』№301、160〜168頁。

近藤隆則（2018）『政府の銀行貸出への関与は日本の中小企業を強くしたか』、晃洋書房。

中小企業庁編『中小企業白書』、各号。

中野かおり・中西信介（2013）「リーマン・ショック後の中小企業金融支援策―中小企業金融円滑化法と緊急保証制度―」、『立法と調査』№337、56〜66頁。

堀江康熙編著（2005）『地域金融と企業の再生』、中央経済社。

吉野直行・藤田康範編（２００７）『中小企業金融と金融環境の変化』、慶應義塾大学出版会
吉野直行・藤田康範・土居丈朗編（２００６）『中小企業金融と日本経済』、慶應義塾大学出版会。
渡辺努・植杉威一郎編著（２００８）『検証中小企業金融』、日本経済新聞出版社。

5章

令和の金融施策と中小企業経営の意識改革

追手門学院大学経営学部学部長　教授　水野 浩児

1　令和における金融行政方針

(1)　企業経営と金融施策の変化

中小企業経営を行う上で経営資源を円滑にコントロールすることは極めて重要なことです。経営資源はヒト、モノ、カネですが「カネ」について精神的な安定を持っておくことが経営を円滑にする上で重要です。中小企業経営において地域金融機関との関係は重要ですが、地域金融機関の動きや考え方は劇的に変化しようとしています。地域金融機関に大きな影響を与えるのは金融庁の施策ですが、近年金融庁ではこれまでにない抜本的な改革を行っています。金融庁が打ち出す施策は間接的に中小企業経営に影響するため、中小企業経営者が金融庁の施策について知っておくことは、金融機関と交渉する上で必要です。地域金融機関の取組みは地域経済の活性化に直結するものであり、金融庁は地域金融機関に対して金融仲介機能の十分な発揮を強く要請しています。

中小企業の負債の大半は金融機関からの借入金であり、金融機関の主要資産は企業向けの貸出金となっています。つまり、金融機関は融資によって企業のバランスシートと直結している金融仲介の状況が必然的に構成されています。[1]金融庁地域金融生産性向上支援室長の日下智晴氏は、企業の将来性を評価する事業性評価に基づく融資を積極的に行い、地域金融機関が顧客本位の金融仲介機能を発揮することを要請しています。

（2）金融行政の実践と今後の方針

平成29事務年度まで、金融庁は前事務年度における金融行政の振り返りを「金融レポート」としてまとめ、また当事務年度における行政目標や金融機関への期待及び課題を「金融行政方針」としてそれぞれ公表してきました。金融庁は、この「金融行政方針」に基づく行政を実施するとともに、その進捗状況や実績は、分析や問題提起とあわせ、「金融レポート」として公表することで、PDCAサイクルに基づく運営をしてきました。[2]しかし平成30事務年度より、PDCAサイクルに基づく業務運営を強化する観点から、従来の「金融レポート」と「金融行政方針」を統合し、「金融行政のこれまでの実践と今後の方針」として公表する形になりました。平成30事務年度は「変革期における金融サービスの向上にむけて～金融行政のこれまでの実践と今後の方針（平成30事務年度）〜について」として公表され、金融サービスの向上に向けた「金融育成庁」としての7つの取組みを明確にしました。「金融庁」を「金融育成庁」として表現することに金融庁の取組み姿勢が明確に変化していることが外形的にも伝わります。[3]地域金融機関に関連する項目では、「地域金融機関が、安定した収益と将来にわたる健全性を確保し、金融仲介機能を十分に発揮することを通じて、地域企業の生産性向上、ひいては地域経済の発展に貢献していくためには、経営陣による適切な経営戦略の策定・実行と取締役会等によるガバナンスの発揮が重要。また、このような持続可能なビジネスモデルの構築にあたっては、時間軸を意識して取り組むことが必要」と明記し、金融機関の経営陣が地域経済を支える観点から明確な経営理念を持って取り組むことを再認識する内容になっています。

令和元事務年度は、「金融行政のこれまでの実践と今後の方針（令和元事務年度）[4]」において「利用者を中心とした新時代の金融サービス」として公表しました。地域金融機関に関連する項目では、「地域金融機関が目指すビジネスモデルとその持続可能性、金融仲介機能の発揮等について、財務局と一体となり対話、モニタリングを実施」と明記し、中央省庁である金融庁だけで地域金融機関の監督指導を行うのではなく、地域の財務局が中心となって取り組むことを明記しました。この取り組みは画期的な内容であり、金融仲介機能の十分な発揮と金融システムの安定の確保を現場レベルまで浸透させる意気込みが感じられる内容です。

(3) 令和元事務年度の特徴

令和元事務年度に公表された「金融行政のこれまでの実践と今後の方針」は地域金融機関に対する取組みで、画期的な内容が含まれており、以下にそのポイントを紹介します。これまでの取組みで、金融仲介機能の発揮については一定の進展があり、金融庁が行った「企業アンケート調査」によれば、「自社の経営課題につき地域金融機関が納得感のある分析や対応を行っている」と考える企業が約半数(53%)あり、各金融機関が課題として取り組み公表している「金融仲介機能のベンチマーク」[5]からも、事業性評価に基づく融資の進展が見て取れるとの分析結果が掲載されていました。

また、このうちの9割弱(86%)の企業が、金融機関との取引継続を強く希望しており、企業の経営課題に耳を傾け、企業との間で認識を一致させて共通理解の醸成を進めていくことが、金融機関の安定的な顧客基盤の確保にも寄与する旨の分析結果が出されています。加えて金融機関による融資以外のサービス提供を望む企業は少なくありませんが、実際に金融機関から経営改善支援サービスの提案を受けた企業は約3割にのぼり、地域金融機関による企業経営者は、企業ニーズのくみ取りとこれに応じた各種サービスの提供を期待していることが明確となり、それを前提としてこれからの地域金融機関は取り組むことが予想されます。

地域金融機関の経営者は確固たる経営理念を確立し、その実現に向けた経営戦略の策定とその着実な実行、PDCAの実践を図ることが重要であることを、金融行政方針に図解でわかりやすく明記しています(**図1**)。金融機関の経営者に対して、分析結果を示し課題認識を行い、課題解決の

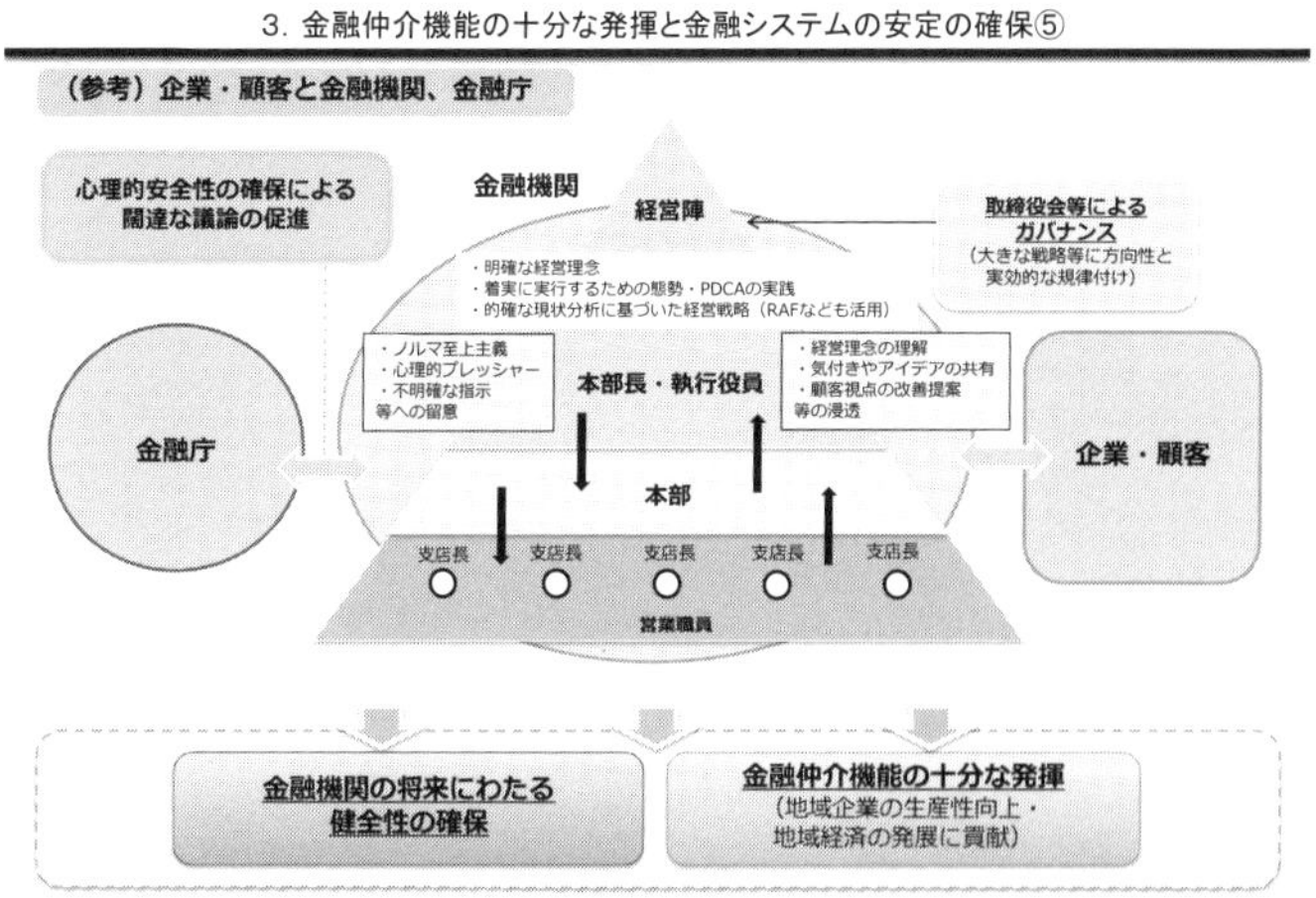

図1　「心理的安全性」について
出所）令和元事務年度「金融行政方針」

ために具体的に要請を行う動きは、これまでにはなかった斬新な感じがします。その具体的な動きの一つとして、「当局は、地域金融機関の各階層（経営トップから役員、本部職員、支店長、営業職員）、社外取締役とフラットな関係で対話を実施。対話にあたっては、心理的安全性を確保することに努める」ことを宣言し、金融実務の観点からも実態を的確に見抜いた効果的な内容だと感じます。また「心理的安全性」の表現は、金融実務における課題を正面から捉えています。心理的安全性について、「一人ひとりが不安に感じることなく、安心して発言・行動できる場の状況や雰囲気」と注記されています。この心理的安全性は金融機関のみならず、企業組織において欠如しやすいものであり、特に役員や支店長の権限が大きい金融機関の組織体制では、フラットな関係で対話ができない風土の中で過ごしており、心理的安全性の確保は難しく課題であると思われます。その課題を正面から、わかりやすく切り込んだ令和元事務年度の「金融行政のこれまでの実践と今後の方針」にはこれまでにない期待を持つことができます。「平成の金融」から「令和の金融」への変革に対する強いメッセージが込められており、地域経済を地域金融機関が支える体制が本格化すると思います。

(4) 心理的安全性の重要性と変革

心理的安全性が確保された状態での対話がいかに重要であるかについて、次のように分析されています。金融機関と金融庁の対話にあたっては「心理的安全性」が重要であり、金融庁の地域生産性向上支援チームが行った地域金融機関との対話において、監督・被監督の関係がある中でも「心理的安全性」を確保するよう努め、フラットな対話を行うことを心がけたようです。その結果、経営理念や戦略の背景・理解等につき、経営トップだけではなく本部各部門・営業店における様々な階層の職員から率直に意見を聞くことができたようです。また、対話を重ねることで、金融機関の経営理念や戦略等の具体化や現場での浸透状況を含む経営の実情・課題をより深く理解し、金融機関との間でお互いにその認識を共有するに至ったことを明記しています。当局と金融機関における「心理的安全性」確保の考え方が、地域金融機関と顧客企業との関係においてもあてはまり、信頼関係を構築するには「心理的安全性」が確保されるために対話を継続することが重要になるわけです。加えて、米国・Google社によるチーム研究プロジェクトについて事例紹介があり、チームの生産性に影響を及ぼす大きな要素として、例えば、心理的安全性が確保されていない場合に、メンバーが周囲の評価を気にかけるあまり、結果として、チームの生産性が低下することについて指摘されていることも行政方針に紹介されています。このように今までにないわかりやすい説明も入っていることは「心理的安全性」を意識した行政方針に変化していると感じました。

筆者が取り組む金融実務研究の観点から考察すると、金融庁や財務局の検査において、過去にあった指摘を中心とする検査はなくなっており、対話を中心としたフラットな目線で対応している印象を受けます。

近畿財務局の取組みとして、２０２０年１月から「顧客企業に頼られる金融機関になるために～事業性評価とコンサルティング能力向上のための連続講座～」を行い、筆者が講師を担当しました。この取組みは、近畿財務局金融監督第二課の若手中堅職員で構成される「ちほめん（地方創生推進メンバー）」が企画した研修です。地域金融機関職員が、目利き力を強化し、地域企業への支援を強く推進していくことが、地域の活性化に向けた重要な鍵となることを踏まえ、地域金融機関職員向けに実施するものです。財務局主導で金融機関との目線を合わせるために産学官が連携する取組みは、変革に必要な「心理的安全性」を前提とした取組みであり、これからの地域金融機関は地域企業の発展のためにこれまで以上に貢献する体制はできつつあります。

2 金融検査マニュアル廃止の影響と事業性評価

(1) 金融検査マニュアルの廃止

地域金融機関に影響のある変化の一つに、金融検査マニュアルの廃止があげられます。金融庁は2018年6月29日に公表した「金融検査・監督の考え方と進め方(検査・監督基本方針)[6]」の中で、金融検査マニュアルを2019年4月以降に廃止することを打ち出しました。金融検査マニュアルは、検査官が金融機関を検査する際に用いる手引書として位置付けられ、金融機関の破綻が相次いだ1999年に金融システムの安定を主眼に導入されたものです。チェックリストに基づいた最低基準の検証に重点を置く検査・監督手法は、自己査定、償却・引当、リスク管理における客観的な基準の確立に大きな役割を果たしたと思われます。金融検査マニュアルの副作用として、マニュアルに頼り過ぎて画一的な対応しかできなくなる金融機関職員が増え、不動産担保や保証に頼り過ぎ、企業の将来性を評価しない・できない体質になったことが考えられます。重要なことは、金融検査マニュアルに問題があるのではなく、金融機関の取組みに創意工夫がなくなり、さらには地域金融機関の主体性がなくなり地域機関の本質的な役割が果たせなくなっていることなのです。ただ、検査マニュアルがなくなることは、金融機関の職員が企業の将来性を的確に分析して引当等を検討していくことになる一方で、検査官の人材育成や検査基準の統一等で課題が残ることになります[7]。

（2）金融機関の現状と課題に合わせた検査・監督

令和元年12月に公表されたディスカッションペーパー「検査マニュアル廃止後の融資に関する検査・監督の考え方と進め方[8]」では、融資に関する検査・監督に関する当局の態勢整備について言及しています。

新しい融資に関する検査・監督は、各金融機関の個性・特性に即したものとなるため、各金融機関の個性・特性（経営理念・戦略を含む適切な把握とこれに即した実態把握等）において幅広い知見や高度な評価能力が必要になります。また、当局の人材育成面にも言及し「金融庁及び財務局における融資に関する人材の育成・確保（産業の理解や資金使途や返済財源を踏まえた返済可能性の評価能力の向上、組織的なノウハウの蓄積など）」を向上させる旨コメントしています。

マニュアル廃止後の検査・監督が金融機関の現状と課題に合わせた内容になることは自然の流れだと思われます。債務者のことを一番理解している債権者が事業性評価により将来性を把握し、コンサルティング機能を発揮して債務者に寄り添う状況を確立すれば、独自の観点で債務者を評価することこそが、引当の基本となる考え方です。大切なことは日頃から、金融機関担当者と企業経営者が対話を行うことであり、金融機関が債務者企業のことを把握していればその判断は、どのような形であっても正解なのです。ディスカッションペーパーに「一部の金融機関では、単なる資金の貸付けにとどまらず顧客に付加価値を提供する取組みや、かつてのように財務データや担保・保証の有無を過度に重視した融資から、貸出先の事業の将来性や将来のキャッシュフローから返済可能性を評価した融資のあり方に立ち戻るような取組みが見られる。さらには、創業支援の場合に、銀行自らリスクテイクすることが難しいが成長が見込めるような顧客にベンチャーキャピタルや投資ファンドを紹介することや、顧客企業の商流拡大について助言する等、融資にとどまらない様々な取組みも始まっている。」との記載がなされ、ビジネスモデルの多様性の発揮が求められる時代に柔軟に対応する必要性についてコメントしています。これからは、中小企業経営者は自らが金融機関職員に対して「心理的安全性」を確保しながら事業の将来性を表現することが、金融機関の管理業務面においても効果があることになると考えられます。対話ツールとしての理想モデルであるローカルベンチマークを活用した対話は、金融検査マニュアル廃止後にはますます重要になるのではないでしょうか。

3　信用保証の変革

(1)　中小企業経営と信用保証協会

信用保証制度とは、中小企業、金融機関、信用保証協会の三者から成り立つ信用補完制度で、信用保証協会が中小企業の借入に対して保証を行い、返済が滞った際に債務者企業に代わって、債権者である金融機関に代位弁済する仕組みです。信用保証制度は、原則として中小企業信用保険法に定める中小企業・小規模事業者を対象としており、中小企業者が資金調達を行うにおいて身近な存在とも言えます。この信用補完制度を利用している中小企業者は全体の3分の1に及び、平成30年度の保証承諾は約63万件で約8兆728億円となっています。平成30年度における保証債務残高は約233万件で約21兆808億円水準となっており[9]、中小企業金融における存在感は絶大です。

信用保証制度は中小企業者にとって依存しやすいことに加え、金融機関にとっても好都合な要素が多く、保証を過度に依存してしまう弊害が指摘されていました。保証協会に対して過度に依存することが弊害となった背景には、平成10年に創設された中小企業金融安定化特別保証制度により、保証残高が激増し、代物弁済率が高まり、保険収支が大幅に悪化したことがあげられます。平成10年当時は、いわゆるバブル経済が崩壊して景気が低迷する中で、大手金融機関が相次いで破綻し民間金融機関を対象に早期是正措置制度が導入されるなど、不良債権の引当金の計上により、体力のない金融機関は自己資本比率の低下に陥っていました。その結果、金融機関の中小企業に対する融資姿勢が慎重になり、いわゆる「貸し渋り」問題に発展し、日本経済全体にとって深刻な影響を与える事態に陥ったのです。政府は、このような経済情勢や金融環境における緊急経済対策の一環として、金融機関の貸し渋りに対する諸施策を講じ、平成10年8月の閣議で「中小企業等貸し渋り対策大綱」が策定され、民間金融機関による不良債権処理の過程で発生するおそれのある中小企業等への信用収縮に備え、20兆円の保証規模を確保する中小企業金融安定化特別保証制度を創設しました。

このような特別保証制度等は、信用保証制度は景気低迷時の中小企業の資金調達支援策として効果的に利用されましたが、リスクの高い中小企業に対して金融機関が安易に資金供給をしてしまうケースも散見されました。また、特別保証などの創設による保証枠の拡大は、リスク回避手段として信用保証制度を活用した金融機関を増加させてしまったことも否めません。

(2) 信用保証協会の制度改革

平成25年12月に「経営者保証に関するガイドライン」が公表され[10]、信用保証協会による経営支援事業等の施策について取組みが行われました。本ガイドラインは、中小企業者等の経営者保証に関する契約時及び履行時等における対応について、金融機関等が共通の自主的自律的な準則として策定・公表されたもので、日本商工会議所、全国銀行協会が事務局となり、経営者保証に関するガイドライン研究会が公表し[11]、金融庁が運用面を促進して、各金融機関も積極的に取り組むこととなりました。同ガイドラインは、経営者保証を不要とするガイドラインを定めたもので、不動産担保や保証に頼らない取組み、すなわち事業そのものの将来性を評価することを促すものでした。信用保証協会も経営者保証を不要とする保証の取扱いについて具体的な基準を設け、金融機関への保証業務の取り組み姿勢に変化がありました。この頃から信用保証協会の業務において、企業事業内容を把握し将来性の評価を行うことが要請されていたように思われます。

２０１８年４月に信用保証協会法が改正され、「信用保証協会は経営支援を主業務である債務の保証を妨げない限度で行うことができる」と明記されました。これまで信用保証協会は、保証業務が中心でしたが、経営支援も信用保証協会の業務になった点は、劇的な変化でした。中小企業庁のホームページにも以下のように明記されています[12]。

「・中小企業に対する経営支援業務を信用保証協会の業務として法律上に明記し、信用保証協会の経営支援の取組みを着実に進めます。

・また、仮にメインバンクが十分な融資を行えない場合には信用保証協会が他の金融機関を紹介するといった取組みや、中小企業支援機関に資金繰りの相談がなされた場合には速やかに信用保証協会等につなぐといった取組みなど、信用保証協会と中小企業支援機関の連携による相談体制の強化を行います。」

さらに、改正信用金庫保証協会法には、信用保証協会と金融機関の連携について明記しており、金融機関が取り組んでいる事業性評価融資を連携しながら行うことを促しています。

「・信用保証への過度な依存が進んでしまうと、金融機関にとっては、事業性評価融資やその後の期中管理・経営支援への動機が失われるおそれがあるとともに、中小企業にとっても資金調達が容易になることから、かえって経営改善への意欲が失われるといった副作用も指摘されており、こうした副作用を抑制しつつ、中小企業の経営改善や生産性向上を一層進めていくための仕組みを構築することが必要です。」

以上のように中小企業の資金調達に馴染みの深い信用保証協会の制度改革について知っておくことは、企業経営においては重要であり、金融機関との交渉においても少なからず影響があると思います。筆者は信用保証協会の職員向けに「事業性評価」の研修を行うことがありますが、最近は信用保証協会の職員の方の意識が金融機関と目線を合わせて債務者を指導することに重点を置いていることを実感します。中小企業経営者にとっては、信用補完制度の活用はありがたい反面、超低金利環境の中では金融機関に支払う信用保証料は負担に感じることが多いと思います。単なる保証料と考えずに、困ったときの事業改善の相談相手として信用保証協会を活用する時代が来ていることを知っておく必要があると思います。

(3) 信用保証協会と地域金融機関の親和性

地域金融機関は平成26年頃より事業性評価融資に本格的に取り組んでおり、債務者企業に対する引当の考え方も地域金融機関の取組みを尊重する体制が明確になってきました。金融庁が平成26年9月に公表した「金融モニタリング基本方針[13]」の中で、「個別の資産査定については、金融機関の健全性に影響を及ぼす大口与信以外は原則として銀行の判断を尊重」することを明記しています。また、金融庁は、平成26年10月「地域金融機関による事業性評価について[14]」を公表し、担保や保証に頼らない事業性評価に基づく融資推進を強く要請しています。

中小企業に対する資金供給を金融機関だけで対応すると保証料なども削減できて損益面での改善は効果的です。一方で信用保証協会が金融機関との連携を行うことが法改正にまで盛り込まれたことは、企業経営者が積極的に信用保証協会を活用して自社に有利な資金調達を行うべきです。地域金融機関と信用保証協会は同じ方向を向いていることに加え、地域経済の活性化を目指している地域金融機関との親和性も強く、金融機関は信用保証制度以外の独自の融資（プロパー融資）の割合を増やす努力も行うことが予想されます。その動きの一つとして、中小企業庁は金融機関別の保証状況を開示し「見える化」を行っています[15]。保証承諾件数や、１００％保証の活用割合、保証時のプロパー融資の割合、さらには代位弁済率まで開示するものです。このように開示されたデータを金融機関が確認することで、信用保証協会と金融機関の対話が進むことに加え、金融機関の役員も現場レベルの動きに注視するようになり、担保や保証に頼らないプロパー融資の取組みにも注力することとなり、名実ともに事業性評価の推進につながると思います。中小企業庁の「見える化」の取組みは、事業性評価に基づく融資推進で迷っている金融機関を動かす効果的なアイデアだと思います。

4　経営者保証からの脱却と事業性評価の本質

（1）経営者保証からの脱却と事業承継

経営者保証の問題は、二重保証の観点から事業承継の阻害要因として問題視されています。この問題は信用保証の観点からも検証され、金融機関が経営者保証を解除しやすい環境を整備すべく中小企業庁も信用保証制度と関連する施策を検討しています[16]。

また、事業承継に焦点を当てた「経営者保証に関するガイドライン」の特則が令和元年12月24日に公表され[17]、中小企業庁は関係機関とも連携しながら、本特則の周知普及や積極的な活用促進を通じて経営者保証に依存しない融資慣行の実現に取り組み、円滑な事業承継の促進を図ることを表明しています[18]。特則のポイントは以下の通りです。

①前経営者、後継者の双方からの二重徴求の原則禁止
②後継者との保証契約は、事業承継の阻害要因となり得ることを考慮し、柔軟に判断
③前経営者との保証契約の適切な見直し
④金融機関における内部規定等の整備や職員への周知徹底による債務者への具体的な説明の必要性
⑤事業承継を控える事業者におけるガイドライン要件の充足に向けた主体的な取組みの必要性

本特則は、令和2年4月1日からの改正民法の施行により、第三者保証の利用が制限されることや、以前から取り組んでいる金融機関の実務において、経営者以外の第三者保証を求めないことを原則とする融資慣行の確立が求められていることを踏まえて、保証契約の適切な見直しを検討する動きの中で取り組むもので、実効性があるガイドラインとしての動きが期待されます。

(2) 信用保証協会の新たな信用保証制度

信用保証協会が中小企業金融に大きな影響力があることは、前述の通りです。信用保証協会は信

用補完制度の見直しを実施した2018年4月から経営者保証を不要とする新しい運用を行っており、以下のようなケースは保証を不要とする対応を行っています。

①金融機関連携型

取扱金融機関がプロパー融資について経営者保証を不要とし、担保による保全が図られていない場合であって、財務要件（「直近決算期において債務超過でないこと」かつ「直近2期の決算期において減価償却前経常利益が連続して赤字でないこと」）を満たすほか、法人と経営者の一体性解消等を図っている（または図ろうとしている）こと。

②財務要件型

直近決算期において自己資本比率20％以上等の一定の財務要件を満たしていること。

③担保充足型

申込人または代表者本人等が所有する不動産の担保提供があり、十分な保全が図られること。

信用保証協会は、2018年以降企業のコンサルティング機能の強化にも注力し、経営者保証に対する取組みも具体的な基準を設けて運用していました。また、経営者保証に関するガイドラインの特則が公表される前から、新旧経営者双方から二重に経営者保証を徴収することを原則禁止とする運用を開始していました。今後、事業承継における二重保証が障壁となり事業承継が進まない事案が減少することが期待されます。また、令和2年4月から事業承継時に経営者保証を不要とする新たな信用保証制度の創設も予定されており[19]、金融機関が経営者保証の解除を後押しするため、一定の要件を満たす企業については経営者保証を解除することを前提に、新たな信用保証制度が創設されました。新たな制度は、経営者保証解除に伴う金融機関のリスクを分担するもので、実務実態を的確に捉えた制度であり高く評価できます。

（3）事業評価の本質的意義

中小企業を活性化される取組みは金融庁をはじめ様々なところで行われています。地域経済を支えている企業の事業承継ができなければ地域経済が低迷することは明らかです。地域企業のバランスシートは地域金融機関のバランスシートと融資を介して直結しているため、金融機関は自の経営体質強化の為にも全力でサポートする必要があります。ここで再認識すべきことは、事業承継の可否の本質は、後継者の有無や二重保証の問題ではなく事業そのものに魅力があるか否か、さらには将来性があるか否かです。この点について筆者は別稿で「事業存続の阻害要因として、個人保証の問題がクローズアップされており、金融機関は、旧経営者と新経営者からの両方から保証を求める二重保証といった課題の解決に注力しなければならない。一方で、事業承継問題の本質は、既存のビジネスモデルが厳しく、後継者が事業の将来性に魅力を感じない点にある。地域金融機関は、時代や地域に根差した企業を育てるために、債権者の立場を活用し、取引先企業の魅力が増す取組みは惜しみなく行う必要がある。[20]」と論じています。金融機関の職員は、これから自らの生き残りをかけて地域の中小企業と一蓮托生の関係を構築し、コンサルティング機能を発揮しなければならない時代で活動しているのです。そのような時代が到来しているからこそ、中小企業経営者も金融機関職員と対話できる最低限の財務知識やマーケティング知識を身につけ、金融機関に対して自らの企業の将来性を表現して対話を行い共感することが重要だと思います。

２０１６年３月に公表された「ローカルベンチマーク」は「企業の健康診断ツール」として、企業の経営者や金融機関・支援機関等が、企業の状態を把握し、双方が同じ目線で「対話」を実現できる内容で、事業性評価の「入口」として活用されることを期待して策定されました。[21] ローカルベンチマークは多くの地域金融機関が活用していますので、企業経営者も利用されることをお勧めします。

金融機関が取り組んでいる事業性評価の本質的意義は、取引先企業に対するコンサルティング機能の発揮です。またコンサルティング機能を発揮することは、企業経営者と同じ目線で課題を共有し、喜びも分かち合う関係になることです。そのためには対話が重要となり、中小企業経営者は金融機関と「心理的安全性」を確立しながら企業経営を行う時代が到来しています。地域経済の発展のために金融庁や財務局等の当局と地域金融機関も本格的に「対話」を行っており、「令和の金融」は地域金融機関の変革が期待されます。本稿で紹介した金融行政の変化や施策の考え方がこれからの企業経営に役立てることを願って結びとします。

注

［1］日下智晴『顧客本位の金融仲介で「事業性評価に基づく融資」実現へ』戦略経営者　№３９２号32頁（２０１９年６月１日　ＴＫＣ）

［2］金融庁『変革期における金融サービスの向上にむけて～金融行政のこれまでの実践と今後の方針（平成30事務年度）～について』（２０１８年９月26日　金融庁ホームページ）https://www.fsa.gojp/policy/For_Providing_Better_Financial_Services.pdf

［3］金融庁は、前身の金融監督庁発足から数えて２０１８年６月に20年目の節目を迎え、同年７月には検査局を廃止する大規模な組織再編を行った。これまでは、「処分庁」の立場で金融危機等を乗り越えてきた金融庁は、現在、金融機関との心理的安定性を意識した対話を展開しながら「育成庁」への転換を図っている。

［4］金融庁『利用者を中心とした新時代の金融サービス～金融行政のこれまでの実践と今後の方針（令和元事務年度）～』（２０１９年８月28日　金融庁ホームページ）https://www.fsa.go.jp/news/r1/190828_overview_the_policy_agenda.pdf

［5］金融庁『金融仲介機能のベンチマークについて～自己点検・評価、開示、対話のツールとして～』（２０１６年９月　金融庁ホームページ）https://www.fsa.go.jp/news/28/sonota/20160915-3/01.pdf
金融機関が、自身の経営理念や事業戦略等にも掲げている金融仲介の質を一層高めていくためには、自身の取組みの進捗状況や課題等について客観的に自己評価することが重要であるとの観点から、金融機関における金融仲介機能の発揮状況を客観的に評価できる多様な指標として策定・公表されたもの。

［6］金融庁『金融検査・監督の考え方と進め方（検査・監督基本方針）』（２０１８年６月29日　金融庁ホームページ）https://www.fsa.go.jp/news/30/wp/wp_revised.html

［7］渡邉将史「過渡期にある金融行政の主要15トピックス―金融行政の現状と課題―」立法と調査　№４０７（２０１８年12月　参議院常任委員会調査室・特別調査室）
金融検査マニュアルの廃止後、検査官にはマニュアルに基づく従来の検査とは全く異なる分析能力が求められるため、検査官の人材育成や目線の統一を課題としている。

［8］金融庁『検査マニュアル廃止後の融資に関する検査・監督の考え方と進め方』（２０１９年12月18日　金融庁ホームページ）https://www.fsa.go.jp/news/r1/yushidp/yushidp_final.pdf

［9］全国信用保証協会連合会『信用保証実績の推移について』（２０１９年６月５日　全国信用保証協会連合会ホームページ）http://www.zenshinhoren.or.jp/guarantee-system/riyojoken.html

［10］金融庁『「経営者保証に関するガイドライン」の公表について』（２０１３年12月９日　金融庁ホームページ）http://www.fsa.

go.jp/news/25/ginkou/20131209-1.html
[11] 経営者保証に関するガイドライン研究会『「経営者保証に関するガイドライン」の策定について』（２０１３年12月５日 日本商工会議所ホームページ）https://www.jcci.or.jp/news/jcci-news/2013/1205140000.html
[12] 中小企業庁『信用補完制度の見直し（平成30年４月１日から見直し後の精度がスタート）』（２０１８年４月１日 中小企業庁ホームページ）https://www.chusho.meti.go.jp/kinyu/shikinguri/hokan/index.htm
[13] 金融庁『平成26事務年度 金融モニタリング基本方針（監督・検査基本方針）』（２０１４年９月11日 金融庁ホームページ）https://www.fsa.go.jp/news/26/20140911-1.html
[14] 金融庁『地域金融機関による事業性評価について』（２０１４年10月24日 金融庁ホームページ）https://www.kantei.go.jp/jp/singi/keizaisaisei/jjkaigou/dai4/siryou1.pdf
[15] 中小企業庁『信用保証制度の利用状況』中小企業庁事業環境部金融課（２０１９年11月29日 中小企業庁ホームページ）https://www.chusho.meti.go.jp/kinyu/shikinguri/hosho/index.htm
[16] 喜田仁郎『経営者保証依存からの脱却に向けた「新たな信用保証スキーム」』週刊金融財政事情 第70巻32号16頁（２０１９年８月26日 金融財政研究会）
[17] 経営者保証に関するガイドライン研究会『「経営者保証に関するガイドライン」の策定について』（２０１９年12月24日 日本商工会議所ホームページ）https://www.jcci.or.jp/news/2019/1224140030.html
[18] 中小企業庁『事業承継に焦点を当てた「経営者保証に関するガイドライン」の特則が公表されました』（２０１９年12月25日 中小企業庁ホームページ）https://www.chusho.meti.go.jp/kinyu/keieihosyou/191225jigyoshokei.html
[19] 中小企業庁『事業承継時の経営者保証解除に向けた総合的な対策』（２０１９年12月24日 中小企業庁ホームページ）https://www.chusho.meti.go.jp/kinyu/hosyoukaijo/index.htm
[20] 水野浩児『事業性評価の質が債権の評価に直結する時代の到来―中小企業支援と地域金融機関の存在意義―』銀行法務21 第846号巻頭言（２０１９年９月１日 経済法令研究会）
[21] 経済産業省『ローカルベンチマーク（通称：ロカベン）会社が病気になる前に』（経済産業省ホームページ）https://www.meti.go.jp/policy/economy/keiei_innovation/sangyokinyu/locaben/

執筆者一覧

村上《ムラカミ》　喜郁《ヨシフミ》　追手門学院大学経営学部准教授　博士（商学）
池田《イケダ》　信寛《ノブヒロ》　追手門学院大学経営学部教授　修士（商学）
宮宇地《ミヤウチ》　俊岳《トシタケ》　追手門学院大学経営学部准教授　博士（経済学）
岡崎《オカザキ》　利美《トシミ》　追手門学院大学経営学部准教授　修士（商学）
水野《ミズノ》　浩児《コウジ》　追手門学院大学経営学部学部長　教授　修士（法学）

（執筆順）

追手門学院大学ベンチャービジネス研究所

2006年開設。わが国や海外におけるベンチャービジネスの理論や実態、並びに、イノベーションを志す中堅中小企業の事業承継の調査研究を行い、Newsletterや『追手門学院大学 ベンチャービジネス・レビュー』の発行、経営セミナーの開催など地域社会に貢献する諸活動を行っている。

編著書　「事業承継入門1・2」編 2014年2月
「事業承継入門3」編 2015年2月
「事業承継入門4」編 2016年3月
「ベンチャービジネス研究1」編 2016年3月
「人としくみの農業」編 2016年3月
「ベンチャービジネス研究2」編 2017年3月
「ベンチャービジネス研究3」編 2018年3月
「ベンチャービジネス研究4」編 2019年3月

これからの中小企業経営に必要な施策と活用
企業経営に直結する施策を知る

2020年3月31日初版発行

編　者　追手門学院大学
ベンチャービジネス研究所

発行所　追手門学院大学出版会
〒567-8502
大阪府茨木市西安威2-1-15
電話（072）641-7749
http://www.otemon.ac.jp/

発売所　丸善出版株式会社
〒101-0051
東京都千代田区神田神保町2-17
電話（03）3512-3256
https://www.maruzen-publishing.co.jp

編集・製作協力　丸善雄松堂株式会社

組版／株式会社明昌堂
印刷・製本／大日本印刷株式会社
ISBN978-4-907574-22-2 C0034